Memórias de Cibele

INSTITUTO PHORTE EDUCAÇÃO
PHORTE EDITORA

Diretor-Presidente
Fabio Mazzonetto

Diretora-Executiva
Vânia M.V. Mazzonetto

Editor-Executivo
Tulio Loyelo

CONSELHO EDITORIAL

Diretor-Presidente
Fabio Mazzonetto

CONSELHEIROS

Educação Física
Francisco Navarro
José Irineu Gorla
Paulo Roberto de Oliveira
Reury Frank Bacurau
Roberto Simão
Sandra Matsudo

Educação
Marcos Neira
Neli Garcia

Fisioterapia
Paulo Valle

Nutrição
Vanessa Coutinho

Memórias de Cibele

Caminhos trilhados, experiências corporais
e identidade docente

Carolina Chagas Kondratiuk

Marcos Garcia Neira

Coleção Educação

São Paulo, 2013

Memórias de Cibele: caminhos trilhados, experiências corporais e identidade docente
Copyright © 2013 by Phorte Editora

Rua Treze de Maio, 596
Bela Vista – São Paulo – SP
CEP: 01327-000
Tel./fax: (11) 3141-1033
Site: www.phorte.com.br
E-mail: phorte@phorte.com.br

Nenhuma parte deste livro pode ser reproduzida ou transmitida de qualquer forma ou por qualquer meio, sem autorização prévia por escrito da Phorte Editora Ltda.

CIP-BRASIL. CATALOGAÇÃO-NA-FONTE
SINDICATO NACIONAL DOS EDITORES DE LIVROS, RJ

K85m

Kondratiuk, Carolina Chagas
 Memórias de Cibele : caminhos trilhados, experiências corporais e identidade docente / Carolina Chagas Kondratiuk, Marcos Garcia Neira. – São Paulo : Phorte, 2013.
 184 p. : 21 cm (Educação)

 ISBN 978-85-7655-398-4

 1. Educação física – Estudo e ensino. 2. Professores de educação física – Formação. 3. Prática de ensino. I. Título.

13-2210.   CDD: 372.86
                                                            CDU: 373.3.016:796

05.04.13   09.04.13   044044

ph1966

Impresso no Brasil
Printed in Brazil

Este livro foi avaliado e aprovado pelo Conselho Editorial da Phorte Editora.
(www.phorte.com.br/conselho_editorial.php)

À Ciba, que,
com sua experiência
e seu amor pela infância,
inspirou este trabalho.

Para que suas memórias
aqui documentadas
se somem às lembranças
de tantas crianças, famílias
e profissionais que fazem
parte de sua história.

… Apresentação …

A Educação Infantil e os primeiros anos do Ensino Fundamental são etapas da escolaridade em que se estabelecem as bases do cidadão que se pretende formar. Por meio da educação escolar, determinados conhecimentos, práticas sociais e valores são transmitidos de modo a projetar as identidades esperadas, demarcando fronteiras entre o que se quer e o que deve ser evitado.

Nesses termos, a temática do corpo frequentemente é tratada de forma naturalizante, tomando-se como fundamento sua proximidade com as ciências biológicas e, assim, mascarando a dimensão política das escolhas feitas em nome de uma pretensa neutralidade científica. Ao determinar como os corpos dos alunos devem ser cuidados, educados, cerceados e moldados, bem como quais práticas corporais serão valorizadas, a escola tanto estabelece os corpos de referência, ou seja, os corretos e superiores, quanto os "outros", considerados errados e inferiores.

A história da educação revela que os processos de escolarização, em suas diferentes perspectivas, sempre estiveram preocupados com o corpo. A posição considerada adequada ao sentar-se, o olhar onisciente do professor diante das carteiras enfileiradas, o tempo segmentado e controlado por meio de sinais semelhantes aos das fábricas são exemplos de ações que formatam, corrigem, moralizam e urbanizam os corpos. Esses dispositivos evidenciam a implicação direta do corpo na constituição dos sujeitos.

Nas modernas teorias educacionais, o corpo passa a ser menos explicitamente mencionado. O foco dos cursos de formação de professores é cada vez mais a cognição, os níveis de abstração a serem alcançados pelos alunos, a evolução nos estágios de desenvolvimento intelectual e o comportamento social. A movimentação corporal e seus estímulos parecem servir tão somente à aprendizagem de conteúdos predeterminados. Com exceção da Educação Física, cujo foco central historicamente recaiu sobre o adestramento, o corpo parece esquecido ou negado e, em todos esses casos, é inserido no plano biológico, desconsiderando-se as influências da cultura. O efeito perverso é a naturalização de construções históricas e sociais.

No fazer pedagógico de professores da Educação Infantil e dos primeiros anos do Ensino Fundamental, com frequência, as práticas corporais são elementos secundários, relegados a esparsos momentos na rotina escolar. Em sala, determina-se a contenção, para que o intelecto seja devidamente acionado, como se a cognição necessitasse da quietude. Parecem bem difundidas entre os educadores as noções de corpo como espaço de controle e a ausência de movimento como representação de bom comportamento.

Felizmente, na contramão das pedagogias que empregam mecanismos de imobilização, existem práticas educativas que conferem relevância ao corpo, à expressividade, à subjetividade, integrando suas manifestações às demais ações escolares. A escolha das atividades, a forma de encaminhá-las, a movimentação dentro da sala de aula e a importância atribuída às vivências corporais das crianças são algumas das variáveis que constituem formas particulares de exercer a docência.

Os motivos que levam um professor a promover determinadas atividades em sala de aula evocam vontades, gostos, experiências e acasos que foram consolidando gestos, rotinas e comportamentos. Cada educador tem sua própria maneira de organizar as aulas, dirigir-se aos alunos, utilizar meios pedagógicos, algo como seu jeito próprio de ser. Afinal, a maneira como o professor ensina tem relação direta com o processo de construção da sua identidade.

Na história de um professor, muitos são os elementos que intervêm em seu processo identitário, na constituição de seu corpo, na sua relação com o corpo e na forma pela qual esta constitui seu modo de ser. Trata-se de uma história não contada das experiências e dos sentidos que o configuraram, dos signos que nele se inscreveram e dos significados que foram apropriados ao longo das experiências de vida. Por meio de palavras, gestos, olhares, espaços, modos de organização do tempo etc., o corpo é moldado pela realidade circundante, por todas as coisas com as quais convive, conformando um processo de educação polissêmica. Nesse sentido, o corpo do professor pode ser entendido como um texto que se move, materializando códigos, práticas, regras e costumes de uma dada ordem social.

O professor traz em si e, mais especificamente, em seu corpo, inscrições sulcadas por seu histórico de experiências – composto por liberdades e repressões, opções por caminhos escolhidos e refutados. São linhas escritas pelas relações sociais e pelo cruzamento de práticas e discursos que acessou, os quais exercem influência relevante na configuração de sua maneira de atuar como educador e de lidar com o corpo dos seus alunos.

Essa é a razão que inspirou a tessitura das relações entre as experiências vividas por uma professora e sua docência marcada pela valorização de variadas formas de expressão corporal. Cibele Lucas de Faria, a Ciba, é uma educadora que enriquece sua prática com vivências corporais, concedendo-lhes peso significativo na formação das crianças, rompendo com a maquinaria de contenção e controle que povoa as salas de aula.

O papel central e multifacetado que essa professora atribui ao corpo foge do lugar-comum. Em seu trabalho com as crianças, sobressaem-se a música e a percussão, a dramatização e a dança, o descanso e o acolhimento, as artes, a culinária e a exploração sensorial, o conhecimento e o cuidado de si e do outro, bem como as brincadeiras tradicionais e inventadas.

Seu fazer pedagógico destacou-se em quatro décadas de atuação com turmas de Educação Infantil e Ensino Fundamental de escolas públicas rurais e urbanas, do EVC, uma escola privada situada na cidade de São Paulo, e do Clubinho, um ambiente criado por ela, destinado às brincadeiras e frequentado no contraturno escolar. Nele, Ciba proporciona às crianças espaços e materiais, além de inúmeras atividades em que, mais uma vez, o corpo é centro das atenções. É notória a vivacidade com que essa mulher de 63 anos exerce seu ofício, bem como sua dedicação à infância. Lépida e ágil, movimenta-se acompanhando e estimulando a criatividade e a ousadia infantil, observando e acolhendo as manifestações dos pequenos.

A história de vida de Cibele foi o meio encontrado para saber quem é essa professora e de que modo põe em ação seu projeto educativo pessoal. Convidada a narrar sua trajetória, discorreu livremente sobre os caminhos que trilhou. No relato de suas memórias, destacam-se os aspectos que possam ter influenciado a configuração de sua identidade docente e o trato com o corpo durante a ação educativa. São disponibilizadas pistas para entender como as experiências vividas plasmaram seu corpo que, oposto ao estereótipo da mulher sexagenária, interage com as crianças vigorosamente.

O registro de suas experiências atentou aos significados que atribuiu à trajetória pessoal e não à definição de uma verdade factual ou um retrato fiel do passado. A "verdade" buscada está na versão do narrador. Livre para revelar ou ocultar pormenores de sua experiência, Cibele realizou um trabalho de criação baseado em encadeamentos afetivos atravessados por silêncios, hesitações, omissões e esquecimentos. Acessou territórios pouco explorados, nas quais se situavam emoções, sonhos e receios. Ademais, a narrativa contemplou questões ligadas à vida social e cultural, bem como episódios políticos, profissionais e econômicos.

A incursão na história da vida de Cibele leva em conta a apresentação de acontecimentos, cidades, pessoas, famílias, escolas e outras instituições do modo como foram entrelaçados pela subjetividade. Não houve qualquer preocupação em validar as informações obtidas. O que interessa é a forma como os episódios foram reconstruídos na narrativa. A Presidente Prudente que ela descreve, portanto, não é a mesma cidade do interior paulista apresentada nos guias de viagem, tampouco aquela das recordações de outros prudentinos. Em semelhança, as escolas em que trabalhou não são aquelas descritas nas propostas pedagógicas nem as frequentadas por alunos e funcionários de hoje ou de ontem. A jornada de Cibele é composta por lugares, pessoas e eventos traduzidos de sua memória, tingida por desejos, alegrias, pesares, concepções, realizações e frustrações. Nosso reconhecimento e nosso interesse recaem justamente na dimensão ficcional.

A história oral visa humanizar as percepções que, usualmente, são acessadas de narrativas generalizantes e macroestruturais. Para tanto, valoriza interpretações próprias, variadas e não oficiais, com abertura de espaço para os aspectos ocultos das percepções gerais. O modo como os atos sociais são vistos oferece novos sentidos à compreensão da realidade, tomando como referência uma versão particular.

A narrativa da mulher, mãe e educadora foi aqui transcriada para conferir sentido à oralidade coletada em várias horas de entrevista. Além dos sons captados pelo gravador, as conversas foram permeadas por olhares, silêncios, lágrimas, sorrisos, entonações e expressões faciais. Tão expressivos quanto, esses elementos agregaram sentido ao que foi dito. No processo de transcrição, os sinais se traduzem em palavras e os aspectos formais do texto são colocados a serviço da mensagem.

A expressão das memórias de Cibele trouxe à tona algumas passagens filtradas pelo modo como foram recordadas e reconstruídas durante a fala. Compondo um mosaico, as lembranças dão acesso a inúmeros fragmentos de sua identidade. Caso nos seja permitido imaginar, será possível entender de que maneira se constituiu sua forma de ser professora.

Sumário

Parte 1 — A vida como espetáculo 17

1 "Eu sempre usei muito a brincadeira pra tudo que eu faço" 25

2 "Tive um aprendizado muito relacionado com a contação de histórias" 45

3 "Eu fazia horta, cozinhava, ia até o lago, passeava pelas proximidades e ensinava um monte de coisas" 83

4 "Escreve aí que minha mãe é uma professora, uma mulher valorosa e altiva!" 107

Parte 2 — Identidades de Cibele 135

5 O corpo brincante 145

6 O corpo expressivo 155

7 O corpo afetivo 161

8 O corpo feminino 167

9 O corpo do professor 179

~ Parte 1 ~

A vida como espetáculo

A história de vida ora apresentada foi elaborada por meio de entrevistas realizadas na casa da Cibele. O local proporcionou um clima favorável à evocação de memórias, emoções e reflexões. Ademais, o próprio espaço ofereceu muitos elementos para a caracterização dessa mulher e professora. Situada no bairro paulistano de Pinheiros, na casa, predominam vasos de plantas e enfeites de jardim. O quintal dos fundos revela que o espaço é organizado para receber as crianças e estimular a brincadeira. Um toldo de tecido com divisórias produz sombra e cria uma cabana, cujos brinquedos cuidadosamente dispostos convidam ao faz de conta. Há ambientes montados para brincadeiras, como cozinha, escritório, araras com fantasias (quase todas confeccionadas manualmente), baús de brinquedos, estantes de livros e escovinhas de cabelo de bonecas decorando a porta do banheiro adaptado para as crianças.

    A primeira conversa aconteceu logo após um dos encontros de férias do Clubinho. Por causa da chuva, as atividades infantis ocorreram dentro da casa. Tules coloridos enfeitavam as janelas da sala, a pequena cozinha ainda permanecia montada ao lado do sofá e algumas bonecas estavam no lavabo. Os copos e pratos plásticos coloridos no escorredor de louças indicavam que as crianças lancharam antes de sair. Não havia local mais propício para as entrevistas que essa casa transformada em brinquedoteca.

Após conhecer mais detidamente a proposta do trabalho e as questões norteadoras, Cibele aceitou formalmente o convite, ciente de que sua participação extrapolaria o mero fornecimento de informações, configurando uma espécie de coautoria. A primeira entrevista teve início com um convite para que Cibele evocasse suas lembranças da infância. As demais retomariam o final do encontro anterior para que a narrativa tivesse continuidade.

Sem qualquer preocupação com uma sequência cronológica ou temática, buscou-se estimular a fluidez do relato, que seguiu livremente as associações da narradora e recebeu suas nuances emotivas. Alguns episódios mais sensíveis emocionalmente foram interrompidos diversas vezes. A cada retorno ao tema, Cibele conseguia acrescentar mais detalhes, compondo, assim, gradativamente, o quadro de suas memórias. Em outros momentos, a repetição de algo já dito cumpria o papel de ativar recordações e estabelecer conexões com outras passagens que, despertadas por uma lembrança súbita, complementavam um fragmento já finalizado. Intencionalmente, a história de vida construiu-se de forma não linear e subjetiva. Os sons apreendidos pelo gravador constituíram-se na matéria-prima, no texto bruto que receberia um tratamento intenso.

A transcrição literal das entrevistas foi lida muitas vezes e minuciosamente estudada até que seus conteúdos e características formais mais marcantes tornaram-se bastante familiares. Durante esse período foi feito um mapeamento dos temas e eventos abordados. O recurso facilitou a compreensão de aspectos esparsos, o que permitiu reuni-los e organizá-los.

A etapa seguinte consistiu na textualização, quando a entrevista foi transformada em um relato em primeira pessoa. Sobre o material textualizado, iniciou-se a transcriação, cujo objetivo é a melhor expressão dos fatos, passagens e emoções de uma vida. Para além das palavras, as entrevistas foram permeadas por gestos, entonações e posturas corporais. Em alguns pontos, a fala foi interrompida por choros ou gargalhadas. Tão expressivos quanto a linguagem verbal, esses elementos lhes somam sentido, compondo o conjunto da narrativa. No processo de transcriação, a formalidade do texto foi colocada a serviço da mensagem. Transformaram-se em palavras sinais como lágrimas, pausas e sorrisos.

Uma organização linear cronológica não seria fiel ao tom do relato. A narradora lançava alguns pontos e abandonava-os, para voltar a eles mais adiante, enriquecendo seus sentidos gradativamente. A narrativa preservou essa estrutura espiral, convidando o leitor a estabelecer relações e construir ativamente os sentidos à medida que avança nas memórias. Na transcriação, mantiveram-se expressões e sintaxes pessoais, bem como gírias, termos regionais e de época, signos que identificam a protagonista. O uso do discurso direto deu vazão à musicalidade de um relato predominantemente teatral, repleto de cenários e personagens. Com o objetivo de transmitir a atmosfera dos diferentes momentos da história, foi pertinente subdividi-la em quatro seções, cada qual marcada por uma temática dominante e encabeçada por uma frase pinçada do relato e que destacou o tom vital de cada episódio. Na seção "Eu sempre usei muito a brincadeira para tudo que eu faço", Ciba fala sobre o trabalho educacional desenvolvido à época das entrevistas. A porta de entrada é a atuação como educadora, a descrição que ela mesma faz sobre sua prática com crianças, como professora e recreacionista. Esse é o ponto de partida para os caminhos que constituíram seu corpo de mulher, mãe e educadora. No fragmento "Tive um aprendizado muito relacionado com a contação de histórias" são conhecidas as memórias da infância e juventude. A trajetória na docência é narrada em "Eu fazia horta com as crianças, cozinhava, fazia mil brincadeiras, ia até o lago, passeava pelas proximidades e ensinava um monte de coisas". Por último, as experiências na vida adulta ligadas à sexualidade, aos relacionamentos afetivos e à maternidade são introduzidas pela frase "Escreve aí que minha mãe é uma professora, uma mulher valorosa e altiva!".

  O texto transcriado foi conferido por Cibele, que verificou se as memórias estão expostas de acordo com a intenção de seu relato, se de fato condizem com o que ela quis dizer.

Somente nessa ocasião solicitou modificações ou omissões de alguns nomes de pessoas e instituições, visando proteger identidades. O produto final desse trabalho condensa experiências vividas em meio à trama social. Agora, retornam à sociedade filtradas pelos modos como foram recordadas e reconstruídas durante a narrativa.

1

"Eu sempre usei muito a brincadeira pra tudo que eu faço"

Eu sempre batalhei muito pra ter a brincadeira na sala, e o EVC sempre me deu esse espaço. Quando entrei lá, 35 anos atrás, o que me encantou foi isso. Naquela época, a coisa era muito diferente. Eu acho que a escola mudou muito, mas sempre respeitou meu estilo. Ficou cada vez melhor. O EVC valoriza muito o brincar. Na época em que comecei a trabalhar lá, mesmo que não fosse assim em todas as salas, eu sempre tive isso presente comigo. Sempre as escolas passam por momentos; uma hora entram numa linha mais cognitivista, depois em outra. Então, às vezes, um professor que é seu parceiro ali tem uma leitura muito diferente da sua. Então, você vai trabalhar a linguagem, é importante ver a escrita das crianças desde pequenas, mas aquela pessoa já acha que tem de focar só naquilo. Eu sempre fui contra essas correntes, e as minhas ideias sempre foram muito bem aceitas.

Desde quando comecei a trabalhar no EVC, dando aula para o "Pré", a sala era um espaço lúdico por excelência. Tinha os cantos todos os dias: tinha casinha, tinha canto de pintura e tinha lava-louça. O lava-louça era uma bacia com dois cavaletes em que as crianças lavavam brinquedos – e não era só na Educação Infantil: com 7 anos eles tinham lava-louça, olha como era genial! Cada canto era uma atividade; as crianças podiam escolher. Também tínhamos o canto da lição, que eles passavam – e se não escolhiam a lição, como eles estavam aprendendo a escrever, a gente chamava –, e o canto da matemática, que eram jogos estruturados.

Com o tempo, o espaço físico foi mudando, a escola foi crescendo, não era mais uma casinha. As demandas começam a se modificar. A escola, com um andar em cima, era muito diferente de uma escola térrea, porque, na térrea, o lava-louça estava ali. Quando fomos para o prédio novo e a classe era num andar acima, pensamos: "Mas como vai ter o lava-louça? Eu não vou botar uma bacia no chão". Então, começamos a ver que a escola teria de ser diferente mesmo, tinha de ser algo mais formalizado.

Quando o EVC começou, tinha tudo a ver aquela proposta menos formal. O EVC começou na época da ditadura; era um espaço democrático, onde as pessoas que pensavam uma educação diferente se juntaram. A gente mudou, mas preservou o principal. Então, o pessoal que trabalhava com os maiores inventou um dia de jogo dramático, aí as crianças desciam com fantasias, com bacias e tudo o mais. Era um dia na semana ou talvez quinzenal, não me lembro, mas existia isso na grade dos maiores. Já com os pequenos, nós continuamos com o cavalete do lava-louça na frente da sala. Enquanto eu estava lá no prédio velho, até a turma de crianças com 5 anos tinha o lava-louça, e era aquela molhadeira. Agora, tem o lava-louça, mas não é assim, não é como uma atividade que faz parte dos cantos diários, porque as crianças são menores e a gente faz mais coletivamente. A gente junta vários cavaletes em dia de sol, leva para a frente da sala e todas as crianças vão brincar com água. Eles também brincam muito com água em outras situações, com as bacias e com os bichos de brinquedo.

E, fora isso, tem as brincadeiras na sala. Eu sempre usei a brincadeira para tudo que faço: brincadeiras pra organizar, brincadeiras pra eles se comunicarem, e, mesmo na época em que eu trabalhava no "Pré", que eles estavam aprendendo a escrever, tudo tinha muita brincadeira, tanto que, com os pequenininhos, o momento em que a gente vai pra fora, a gente não chama de recreio, porque a brincadeira tem um papel importante pra nós.

Eu acho que a gente evoluiu muito no nosso pensamento a esse respeito. Eles não vão brincar só na hora em que vão pra areia, não vai ser um recreio, eles não estão cansados. A areia é uma extensão da sala, eles podem brincar lá fora, desde que supervisionados. Então, quando eles vão pra areia, é mais um momento em que saem todos juntos, mas a única coisa que muda é o grau de desafio de algumas brincadeiras, por exemplo: eles vão pular do muro e na sala não dá para pular; eu não vou deixar pular da mureta da sala, porque tem móveis, vão se machucar. Tem regras que eles respeitam muito bem. Não pode correr na sala. O outro está fazendo um quebra-cabeça e eu não vou correr ali. Então, mudam essas possibilidades. Mudam as brincadeiras que cada espaço comporta, mas a brincadeira permeia todos os momentos deles. Também tem o lúdico no momento das histórias. Desde quando entrei no EVC, já na época do "Pré", eu contava histórias fazendo um personagem.

É óbvio que as crianças têm os modelos; menino é menino. Eles escolhem papéis de meninos pra representar, mas os meninos adoram as coisas das meninas e vice-versa. Os meninos adoram brincar de casinha, adoram brincar de cabeleireiro, adoram pôr fantasia de menina. Eu deixo. É óbvio que se é uma criança que você já percebe – porque a gente percebe – que tem alguma outra questão subjacente, uma criança que fique muito fixada só naquilo, você já encaminha de outra forma; passa a ser visto não só ali na aula, mas no conselho de classe, com a orientadora. Isso quando você percebe que a criança pode ter algum comprometimento, não conseguir se interessar por atividades de menino ou de menina, alguma coisa que fuja da normalidade, agora, no mais, eles brincam normalmente. Sempre há uma preocupação por parte dos pais:

– Ah, ela está gostando muito de brincar com espada, com carrinho, não sei o quê.

Mas, do nosso ponto de vista, é supernormal.

Às vezes vão alguns pais visitar e eles falam:

– Olha aquele menino vestido de menina!

Os meninos, na verdade, adoram se vestir de menina, porque o mundo das meninas é muito mais sedutor nesse aspecto de brilhos, paetês e tal. Então, às vezes botam um vestido, assim como eles tiram na mesma hora e pegam a espada. Quando ele bota roupa de menina, está pondo uma fantasia, está brincando.

Atualmente, dou aula para algumas crianças que completam 3 anos e outras que completam 4. A turma é intencionalmente heterogênea em termos de idade, em termos de habilidades, em termos das aptidões das crianças, como um todo. Então tem criança mais madura e criança mais imatura, pra você ter um todo mais diferente, não lidar só com unanimidade. Os que fazem 3 anos no primeiro semestre normalmente são os menorzinhos mesmo, e os que fazem 4 são aqueles que já ficam mais com cara da turma de 4 anos, e é engraçado, porque, às vezes, os pais reclamavam disso:

– Ah, mas o meu filho é de julho e o outro é de setembro; é quase um ano.

E é mesmo, mas você mostra que a própria sala, a própria constituição da rotina, tem tantas coisas pra eles fazerem, tantas áreas nas quais eles podem se desenvolver; a própria classe já tem tanta diversidade, como opções pra eles, que nós não queremos crianças iguais. O máximo de diferença que aparecer na escola é positivo: crianças menores e crianças maiores; as que sabem e as que não sabem falar; as que precisam de ajuda e as que podem ajudar. E você vê movimentos muito legais; eles vão aprendendo a se relacionar como se tivessem muitos irmãos. O EVC também faz inclusão. Eu acho muito legal ter crianças com deficiências físicas ou outros tipos de especificidades. É incrível como eles abraçam os colegas diferentes. É incrível como as outras crianças se desenvolvem junto, a motivação que elas têm e como o potencial dos outros interfere para puxar para cima mesmo, entre eles. Foi a partir desse trabalho que comecei a me dedicar a estudar essa área, principalmente em relação ao autismo, e a escola investiu na minha formação.

Para organizar o dia a dia na escola, falando do trabalho como um todo, a gente usa e abusa dos cenários.

Tem uma frase muito legal que eu ouvi na excursão que fiz para as escolas italianas de Reggio Emilia, que tem muito a ver com a gente. Lá, eles falam que o espaço é o segundo educador; os professores são o primeiro e o espaço é o segundo, então, há uma preocupação muito grande com o espaço, com a montagem de cenários. A gente escuta as crianças e monta a sala com os cantos de atividades, que eles podem optar pelo que quiserem nos diversos momentos do dia. Mas temos intenções. Quando percebemos um projeto que vai rolar, montamos um cenário ligado àquilo. Muitas vezes, a minha auxiliar chega antes na escola, porque ela tem um filho que estuda lá; chega sempre um pouquinho mais cedo. Quando chego já está superarrumado: dependendo do jeito que ela vê a massinha acontecendo, por exemplo, monta esse espaço; bota as forminhas, põe panelinha, põe não sei o que, põe as tabuinhas de carne como se fosse uma mesa posta. Ou, então, se ela percebe que eles estão brincando muito com os bichos, coloca uns bichos que já são mais próprios para massinha, uns bichos de plástico, uns homenzinhos, uns soldadinhos. A mesma coisa com os jogos. Você favorece um espaço de construção se vê que eles estão se interessando muito por equilíbrio ou coisa assim. Canto das artes é a mesma coisa: você imagina todas as fases do desenho com que está trabalhando; então, ou põe grafite e tudo preto, caneta preta, giz, papel branco, ou giz pastel, giz de cera. Você vai colocando os materiais conforme esteja sendo interessante e desafiador pra eles. De acordo com o que a vontade deles dita, mas também com a nossa intenção. Nós escutamos muito e observamos a criança, mas não é só isso, a intencionalidade do professor é o que determina, para não ficar aquela coisa solta.

A rotina funciona assim: normalmente, eles ainda chegam e vão direto pros cantos e escolhem o que querem fazer. Via de regra, um dos cantos mais escolhidos é o canto da modelagem com a massinha, que depois é limitado, duas mesas com aquele monte. Mas ele é limitado exatamente não para tolher, mas para eles diversificarem. Se você deixar dez crianças na massinha todo o dia, os outros cantos ficam muito vazios e eles não experimentam as outras opções da sala. Mas o que limita é o espaço mesmo, o número de cadeiras. Tem, atualmente, o canto de artes lá fora, o de desenho e colagem. O faz de conta não tem um espaço predeterminado; eles fazem onde quiserem, mas fica um fogão, uma geladeira, uma tábua de passar roupa, tem uma configuração de uma casinha lá, mas eles pegam o fogão, podem montar onde quiserem; os critérios são deles: o fogão pode ir pro quarto, pode ser na frente da sala, mas os objetos meio que sugerem e determinam que se faça o faz de conta. Há o canto de jogos, que tem material livre

> "Eu sempre usei muito a brincadeira pra tudo que eu faço"

e material estruturado. Livre é o material de construção, madeira, essas coisas que eles podem construir. Nunca é tão livre porque a construção deles é pra lá de estruturada. Eles lidam com um monte de variáveis, classificam por vários atributos, fazem mil coisas ali. E estruturado a gente chama os jogos que têm regras, o quebra-cabeça – que tem uma regra para montar –, memória, dominó. Aí, começa esse aprendizado. Eles não vão seguir a regra, evidentemente, mas já vão saber que cada um ganha uma peça, que aquela peça tem que encaixar, por exemplo, no quebra-cabeça. Se não prestar atenção para encaixar a peça, não vai conseguir. No jogo da memória tem de esperar o colega. Eles aprendem rapidinho, mais que nós. Chega o fim do ano e está todo mundo jogando dominó, memória. No canto de jogos, você imagina que tenha de ser um lugar que fique mais preservado, mas é na sala também e você fica tomando cuidado para não atropelarem, não passarem por cima, e no canto do faz de conta há fantasias também. Antigamente, ficavam numa arara; agora, há uma gaveta dentro do armário cheia de fantasias, cheia de acessórios. A gente põe a gaveta pra fora, eles escolhem, usam durante a aula, se fantasiam e brincam.

No começo do ano, eles vão para os cantos, mas, depois, eu já vou começar a sentar com eles em roda no início do dia, o que é um desafio; tem muita gente que não consegue e tem muita gente que acha que pequenininho não dá para sentar em roda. No EVC, você age do jeito mais confortável para você e do jeito que você consegue. Eu faço roda, eu sou uma adepta da roda. Minhas crianças têm 2 anos e meio e já fiz uma roda de início ontem. Tinha uma festa de aniversário e a aniversariante não chegou; aí, eles iam desenhar a toalha para ela. A gente desenha em um papel *kraft* grande e usa como toalha nos aniversários. Como a aniversariante não tinha chegado, falei que íamos esperar a Laís, porque precisávamos saber o que ela iria querer que desenhássemos. Todo mundo basicamente garatujando, mas eles acreditam neles e no que você está falando; eles têm um potencial muito grande.

— Ah, é mesmo! Acho que ela vai escolher princesas!

Foi ótimo! Como a Laís demorou bastante, nós ficamos na roda conversando. Antigamente, a gente tinha uma roda desenhada no chão para organizar esse momento, mas, agora, não tem mais a linha desenhada ali, o que é ótimo, porque você faz a roda onde você quiser. Então, ficamos em roda conversando; a menina chegou, falou o que ela queria e todo mundo foi desenhar. A partir daí, fiz a leitura de que vou poder começar a fazer roda no início. Amanhã, vamos começar com roda, porque esse momento da chegada com roda é ótimo. Eles estão chegando, estão se olhando, conversam, sai muito projeto dali, sai muito assunto. Quando terminamos o trabalho na atividade diversificada, eu os sento de novo. Nunca começo nem termino uma atividade sem centralizar, mesmo que seja para ir pra areia. Hoje, íamos fazer o lava-louça; aí, as meninas que estão me ajudando falaram:

– Então a gente já pode ir pra areia?

– Não, vamos sentar. Olha, todo mundo vai lavar louça hoje. O que é o lava-louça? Tem criança nova chegando, então, vamos contar como é.

Isso dá um foco no assunto, já sai diferente, já entra diferente.

Quando termina o que a gente chama de atividade diversificada, que é a hora que eles diversificam o fazer deles nos cantos, nós sentamos de novo em roda ou no sofá, lavamos as mãos e vamos tomar lanche todo mundo junto. O lanche também é um momento solene. Mesmo quem não come ou quem acaba rápido espera; a gente sai todo mundo junto. O lanche começa às dez horas. Tem um horário em que a gente pode ir pra areia, porque a areia é coletiva. Quando eles voltam para a sala, fazemos brincadeiras, danças, as crianças pulam, pulam para tirar a areia. Às vezes, quando tem muita areia, eu passo escova e falo que são os cavalinhos, que vou limpar os cavalinhos, e tiramos a areia. Eles deitam em um pano grande e fazemos o descanso. Todo dia tem história.

Também cantamos bastante antes da história. Normalmente, na hora do descanso, eu conto uma história. Tem gente que gosta de ler livro; eu gosto mais de ler quando estamos numa situação de roda, em que está todo mundo olhando. No descanso, conto sempre um conto de fadas e depois a gente começa a atividade coletiva, que são os mesmos conteúdos da atividade diversificada, as mesmas áreas de trabalho, só que o assunto é proposto; minha auxiliar e eu que escolhemos. Nós escolhemos uma atividade para ser lançada ao grupo. Todo mundo desenvolve a mesma atividade, não necessariamente do mesmo jeito: desenhar, pintar, brincar com os jogos, fazer construção; fazemos casinha coletiva; a gente monta o cenário com tudo que queira, por exemplo, monta um escritório, põe isso, põe aquilo.

Eu uso muito a música; cantamos todos os dias. Tem um caderno e uma pasta que vão para casa quinzenalmente: nesse caderno, a criança escreve o que quiser e, na pasta, vão coisas significativas ao grupo, como uma música ou uma brincadeira nova. Toda semana vai uma música nova, e os pais querem aprender. Nós nos organizamos muito com a ajuda da música e do corpo, o que, para mim, é a fonte da organização. Quando finalizamos a atividade coletiva, sentamos na roda de novo e esperamos as mães chegarem. Durante esses momentos, se nós percebemos uma agitação, uma coisa que não dê pra controlar, fazemos alguma brincadeira.

Para desenvolver meu trabalho, também tenho liberdade total quanto à roupa que uso, tanto que uma mãe do EVC – que se tornou uma das minhas maiores amigas, mãe de uma menina que, na infância, foi a melhor amiga da Júlia, minha filha – conta uma história engraçada: nós não nos conhecíamos e ela foi conhecer o EVC, foi fazer a inscrição da filha e alguém mostrou a escola a ela. Mais tarde, quando acabamos ficando amigas, ela contou que, naquele dia, levou um susto, primeiro porque eu estava dando uma dura num moleque, disse que a criança me questionava e eu estava ali naquela firmeza, e ela ficou surpresa, porque a fama do EVC era de uma escola em que todo mundo podia fazer tudo; e a outra questão com que ela se espantou é que eu estava trabalhando de chinelo. Como mexemos muito com areia e barro, dependendo da atividade que estivermos trabalhando, o chinelo é mais apropriado. Eu não vou de chinelo, deixo um par lá para calçar e também trabalho descalça – fico descalça na maior parte do tempo; a criançada toda fica descalça também. Como há muitas árvores, a areia de lá é uma areia com muita sombra, fresquinha, não esquenta muito. Então, lá, eu só trabalho descalça, e a roupa é bermuda, o que eu quiser. Todo mundo se veste adequadamente, mas com roupas muito confortáveis.

Às vezes, encontro ex-alunos. Chega o rapaz mais lindo do mundo, desses de revista:

— Oi, tudo bem? Você não se lembra de mim?

Eu não me lembrava. O rapaz com um metro e noventa.

— Eu sou o Marino.

Foi aluno da minha primeira turma no EVC. E eu na hora lembrei e falei:

— Marino, a gente falava, eu e as outras professoras, que dali dez anos você e seus irmãos iam ser uma perdição em São Paulo.

Porque era um mais lindo que o outro. Eu falei:

— Pô, eu vejo que essa previsão se confirmou.

Ele morreu de rir! A parte boa de ficar velha é isso: você pode chegar para um "gatasso" e falar que ele é o mais bonito. E ele se lembrava de mim, de tanta coisa... Falou principalmente das histórias que eu contava.

Outro dia, no banco, encontrei outro ex-aluno, para quem dei aula na primeira série. Ele estava com mais de 30 anos; não foi agora, já faz uns anos. Ele falou pra mim:

— Nossa! Uma coisa que eu sempre me lembro é de quando você contava a história do Xandu. — O Xandu era Alexandre e outros heróis, do Graciliano, mas era um livro pra criança.

Então ele me falou que ficava na dúvida se o cego era eu ou se era o personagem, porque eu contava

> "Eu sempre usei muito a brincadeira pra tudo que eu faço"

a história até um certo ponto, aí, entrava um cego na história, que tinha um olho que enxergava as pessoas por dentro. Nesse ponto, eu pedia licença pras crianças, saía um pouquinho, botava um paletó, um olho aqui e um chapeuzinho. E ele não sabia se era real. Fiquei muito impressionada.

A maioria dos ex-alunos que eu consigo encontrar e conversar são pessoas bem-sucedidas profissionalmente, e eu vejo que afetivamente também. Engraçado: são bem-sucedidas e na maioria fizeram o que queriam, em termos da faculdade. Agora, o que eu fico pirada é pelo fato deles me reconhecerem. Eu fico muito impressionada com isso, de lembrarem até do detalhe de uma história. É muito legal vê-los com os filhos, que todo mundo se tornou um pai amoroso. Então, me vejo com os pais deles ali; é engraçado isso! Quando eles eram pequenos, eu estava ali com os pais, e agora... eu peguei os filhos de vários alunos. Já estou com a geração de netos, porque são filhos de ex-alunos. É muito legal a reunião de pais. Às vezes eles contam casos da infância... É muito emocionante.

Além do meu trabalho na escola, tenho um espaço de recreação infantil, o Clubinho. Atualmente, estou com atividades uma vez por semana e faço os cursos de férias, sempre em casa. O Clubinho é isso, eles brincam; é um espaço de brincadeira. As mães falam que o

Clubinho é terapêutico; eu digo que é uma coisa muito simples, não tem sofisticação. É muito simples trabalhar com uma criança, mas é muito difícil pra você chegar nessa simplicidade. Você tem de pensar muito, mas depois não precisa ficar sofisticando; a sofisticação tem de ser você. Você não precisa ter material "x" ou "y", tanto que o Clubinho foi se constituindo com coisas que eu ganhava, que fomos juntando e eles foram gostando cada vez mais, criando histórias, construindo um repertório de brincadeiras. E o terapêutico, acho que é isso, eles brincam, eles podem brincar. As fantasias ficam lá e eles se fantasiam o tempo inteiro, em todas as brincadeiras: brincadeira de aventura, brincadeira de princesa, brincadeira de mamãe e filhinho, de tudo, todos os temas que eles vão inventando. Os que são mais ligados na representação representam o tempo todo, mas eles acham que o teatro é só o que acontece no final, porque todo dia eu formalizo com um teatrinho, eles montando uma pecinha que inventavam ali na hora. Quando o Clubinho era na minha antiga casa, umas velhinhas já sabiam a hora e iam assistir no portão.

Durante o dia, fico olhando a brincadeira, fico observando. Quer dizer, tem muito trabalho, tem a culinária, eu não paro um minuto. Mas tenho mais alguém comigo; dependendo do caso, se tivessem crianças com necessidades especiais, como síndrome de Down ou autismo, teria uma pessoa adicional. Isso mais por precaução contra acidentes, para não deixar engolir nada, porque elas acabavam se enturmando e brincando com todo mundo também.

A gente acompanha como eles vão inventando a brincadeira, a brincadeira vai crescendo, crescendo, crescendo, crescendo. Então, na verdade, eles determinam o que fazer. Eu vou organizando e, evidentemente, gerenciando os conflitos. Minha postura é de educadora mesmo. Tem coisas que podem acontecer, tem coisas que não podem: violência, agressividade... Começou? Vamos mudar! Dou limite, dou bronca, mas as crianças se reposicionam. É um lugar em que eles foram pra brincar, para fazer coisas de que gostam, mas o grupo também tem um peso muito grande; não é o que um decide que todo mundo vai fazer.

A brincadeira vai acontecendo e tem sempre um momento em que a gente para, porque é a hora do lanche, e eles ajudam em tudo. Depois do lanche, o descanso também é solene. Eu ponho um pano grande no chão com almofadas e sempre canto músicas calmas; eles sabem todas. Nessa hora, as crianças maiores sempre pedem outras músicas além das tradicionais do tipo *Boi da Cara Preta*, como a música do homem mau. Eles se sentem muito grandes! Aí, depois da música, conto uma história que é a pauta do teatro, é o tema. Quando eles inventam o teatro, se baseiam nela, mas mudam tudo, não tem aquela questão ortodoxa do enredo, do roteiro; eles mudam tudo, até os personagens. Pode ter três princesas, dois príncipes ou nenhum, um personagem de uma história pode entrar na outra, mas sempre finalizamos com um teatro, tanto que quando as mães vão buscar mais cedo, eles não querem ir embora porque o teatro ainda não rolou; então, a gente tem de antecipar a hora do teatro. Estou te dizendo isso porque o Clubinho é sério para eles, tem uma rotina e eles contam com ela.

Acho que o que determina a qualidade de algo que você faz é essa seriedade, o envolvimento e a vontade de fazer direito; não precisa ter uma estrutura tão grande. Na casa da Dona Trieste, um dos imóveis que aluguei, o Clubinho era no porão! Um dos quartos tinha dois metros de altura. Para eles, era o máximo, era do tamanho deles. Uma vez, uma das crianças chamou a mãe para conhecer – todos moravam nessas casas muito boas – e falou:

– Mãe, vem ver! Você viu?

A mãe via ali aquele lugar. Tinha um palco. Eu e a Nina, que era quem me auxiliava no Clubinho nessa época, fizemos um palco, uns arcos. Esse menino falava:

– Agora você tá vendo por que a gente gosta tanto daqui?

Eu acho que o Clubinho para eles é isso que ele falava mesmo, é um mundo ideal, porque tem todas as coisas da escola, mas sem aquele comprometimento da parte mais pedagógica, mais formal. Então, são duas horas e meia de brincadeira e de muita troca entre eles. É uma brincadeira que acaba gerando coisas muito significativas.

2

"Tive um aprendizado muito relacionado com a contação de histórias"

Eu nasci em um distrito de Presidente Prudente, um lugar chamado Eneida, onde meu pai tinha um cartório e uma fazenda. Era uma família de oito filhos; sou a sétima. Cinco mulheres e três homens. Tenho irmãos bem mais velhos que eu e outros mais ou menos, uma irmã um ano e meio mais nova que eu e uma, três anos mais velha. Até eu completar 5 anos, nós moramos lá na vila onde meu pai tinha o cartório. Em Eneida, eu vivi uma parte muito significativa da minha infância, porque era um lugar muito livre. Uma vez, meu irmão mais velho estava competindo com os amigos para ver quem morava numa casa que tinha quintal maior. Um dos meninos:

– Ah, a minha casa tem quintal grande, a sua, não.

Meu irmão falou que a casa dele era aquela que

tinha um quintal do tamanho do mundo. E o menino perguntou:

– Como?

– Ah, a minha casa não tem muro!

Era, de fato, um lugar tranquilo, como se fosse um sítio. Ninguém usava chave, as casas eram de madeira e tinha uma tramela que você fechava à noite só para os bichos não entrarem. Eu me lembro do escuro da noite. A gente dormia cedo e tinha muita contação de história. Como meu pai era o dono do cartório, era uma pessoa letrada da região, que conhecia todo mundo, e como se dormia cedo, nós contávamos muitas histórias. Todo mundo, todas as famílias dos conhecidos dali, os fazendeiros ou as outras pessoas que moravam na vila, que eram comerciantes, babás, todo mundo contava muita história. Havia essa tradição de, à noite, sentar na rua, numas cadeiras na frente da casa, e contar histórias.

Quando eu tinha 5 anos, a família toda se mudou pra Presidente Prudente. Meus irmãos mais velhos já moravam lá, estudavam no ginásio, e nós também fomos para estudar. Prudente era um lugar muito tranquilo. Mudamos pra uma casa que também tinha um quintal muito grande, uma casa gostosa. Foi a minha primeira experiência urbana. Era uma vida muito diferente da de hoje. Eu ia para a escola sozinha, só me levaram para o colégio até o Jardim de Infância, aos 5 anos. No "Pré", eu já ia sozinha. Primeiro, durante seis meses, meu irmão levou; no segundo semestre, eu já fui sozinha. Estudei o Jardim de Infância e o Pré-primário num colégio de freiras, só para meninas. Era muito chato. Eu queria muito ir para a escola. Quando fui, foi muito decepcionante; era aquela coisa parada demais. Então, pedi aos meus pais para mudar de colégio e eles foram muito legais. Lá em Prudente, todas as meninas iam estudar no colégio de freiras, e meus pais não eram religiosos; eles tinham me colocado lá porque eu era menina. Fui estudar num grupo escolar da prefeitura e foi muito legal. Tinha um colégio particular que chamava Colégio São Paulo, que possuía uma Escola Normal. O curso Primário era uma escola experimental para as normalistas darem aula e tinha um convênio com a prefeitura. Não era um lugar muito conceituado na cidade, mas eu gostei. O grupo já era misto, estudavam meninos e meninas, e estudei dois anos lá, o primeiro e o segundo anos. As normalistas faziam a preparação das aulas delas com a gente e tinha algo que acontecia no fim do mês, quando elas tinham que organizar apresentações com as crianças com os conteúdos trabalhados, acho que para a aula de Prática de Ensino. Era um teatro. Isso pra mim foi o que salvou o Primário. Apesar das aulas chatas, eu adorava aquilo, porque as meninas ensaiavam e tinha tudo a ver com a matéria que estavam ensinando. Por exemplo, quando era algo de Biologia, fazíamos as irmãs ervilhas, as amarelinhas e as verdinhas; outra vez, fazíamos as bonecas: a boneca brasileira, a boneca baiana, a boneca não sei o que, mas eu adorava, porque ia para o palco e, segundo o que elas comentavam, eu tinha muita facilidade pra decorar poesia ou as falas. Elas me escolhiam sempre. Por isso, eu estava mais fora da sala que dentro, estava sempre com as normalistas participando daquelas atividades, e eu adorava, porque era uma festa, era bonito, aberto aos pais que quisessem assistir. Como em casa tinha aquele monte de filho e minha mãe também trabalhava, meus pais não iam. Na verdade, quem mais participava dessas coisas eram minhas irmãs maiores, e elas adoravam. Então eu ia, declamava, cantava, dançava, fazia um monte de coisa e gostava muito.

    Eu gostava muito das minhas professoras do Primário e me lembro do nome de todas. A do primeiro ano se chamava Dona Irene; ela estava grávida e veio uma outra que ficou no lugar dela, que se chamava Dona Olga; depois, uma outra, que foi a definitiva, a Dona Arlete. No segundo ano era outra, que se chamava Dona Agda. E elas eram realmente ótimas, muito diferentes das freiras. Era aquele esquema bem antigo: carregava a sombrinha pra professora, pois lá fazia muito sol, mas eu amava. Elas eram carinhosas, davam a mão. Eu achava as professoras perfumadas; eu adorava as professoras!

Quando fui para a terceira série, saí dessa escola e fui para um grupo escolar considerado de um ensino muito bom; como eles diziam, "forte". Fui para a terceira série com uma professora que se chamava Dona Ondina e para a quarta com a Dona Clotilde. Era um esquema diferente. Elas foram fundamentais na minha vida. A Dona Ondina era brava, mas foi fundamental, porque me ensinou divisão por dois algarismos. Quando eu estava no segundo ano, nessa farra de ficar para lá e para cá com as normalistas, não tinha aprendido a divisão. Eu era boa aluna e, como não sabia a divisão por dois algarismos, muitas vezes, boiava em Matemática. Quando a Dona Ondina me ensinou, aprendi, de fato, superbem. Para mim, aquilo foi um marco, porque comecei a ficar muito boa em Matemática, e eu não me achava boa em Matemática. A Dona Clotilde escrevia muito bem, então, o que eu posso dizer que sei de Português, uns 90%, aprendi com ela. Quando me lembro de alguma regra gramatical, não é o que eu aprendi no ginásio nem no colégio, foi tudo que eu aprendi com Dona Clotilde. E ela era assim, mais severa; não era brava, era séria, mas era uma professora legal, eu tive sorte. Ela abria a casa dela. Tinha alguns festejos em que levava a turma para a casa dela, e, quando a Dona Clotilde fazia aniversário, a gente sabia, porque ela era amiga dos meus pais, então, as crianças iam para a casa dela e preparavam uma festa. Doces de boteco, aquelas marias-moles coloridas, aquelas coisas. E outra coisa que eu achava muito legal era quando encontrava minhas professoras na rua. Para mim, era como se eu me encontrasse com uma entidade. A figura do professor era muito diferente do que é hoje; ele era um marco na sua vida. Era muito legal, você sentia uma importância ao encontrar o professor ali, fora do âmbito da escola.

Fui para o Ginásio, primeira série – que hoje seria o sexto ano –, também lá em Prudente. O que me marcou nessa fase foi o quanto estudei para conseguir entrar no colégio. Era um colégio exigente, estadual. Foi quando mais estudei na minha vida, mais que estudei para o vestibular. Até hoje eu lembro: eram duzentas vagas pra mil alunos, então tinha um curso de admissão. Passei um ano estudando e foi um terror, porque era um estresse não entrar naquele colégio; não era pago e era o melhor. Da quinta série, eu me lembro muito da professora de Geografia e da de História por conta das histórias que elas contavam.

Ela sabia muito de Geografia e, quando dava a matéria, falava muito sobre tudo que estava ensinando, e eu viajava nas histórias que ela contava. Do bê-á-bá da Geografia, eu ficava de fora, mas ficava imaginando aquelas coisas que ela falava. As montanhas rochosas, os Alpes... Tanto, que uma das maiores emoções da minha vida foi quando eu vi os Alpes franceses, porque eu via a mulher falando. Então, eu viajava, eu apagava. A escola era muito chata, era aquela aula expositiva, nada interativa. E como essa professora falava, como ela contava as coisas de um jeito interessante, eu ficava imaginando. Na hora que ela falava das montanhas rochosas, do Grand Canyon, eu ficava imaginando aquelas coisas e tinha na minha cabeça aquela imagem. Quando chegava a época da prova, eu estudava para ir bem, mas muito, porque eu gostava dela, porque eu vivia aquelas aventuras.

A professora de História era parecida. Naquela época, você quase não tinha recursos visuais, era mais o professor falando. Então, um professor que fosse mais criativo, que se comunicasse melhor, você se interessava. Essa de História falava de Roma, do Coliseu, e mostrava, às vezes, alguma figurinha, algum negocinho, e já era outra viagem, eu ficava imaginando aquele teatro, aquelas coisas. A minha cabeça ficava a mil, era aquela imagem mental de como era o mundo romano. Tanto, que foi outra emoção muito grande quando conheci Roma; eu me lembrava dessa professora. Tive um aprendizado muito relacionado com a contação de histórias. Quando eu escrevia, escrevia nessa linha, e elas gostavam muito, valorizavam; todos os meus professores. Eu era uma aluna boa. Nunca era daquelas que arrebentavam, mas eu estudava para passar de ano e ir bem na prova. O que eu gostava, estudava e aprendia.

Como eu disse, desde muito cedo comecei a ir sozinha à escola. Todas as crianças iam sozinhas, só algumas filhas únicas que não. Nós combinávamos entre as amigas e formávamos grupinhos para irmos todas juntas. Em cada esquina, encontrávamos uma amiga, dávamos uma volta para encontrar outra. Fazíamos grupos de cinco, seis, até mais, e íamos e voltávamos juntas. A partir da segunda série, já fazia minha matrícula todo ano. No primeiro dia de aula, eu ficava pensando:

— Ai, com qual classe será que eu vou cair? Qual professora?

Não tinha essa história da mãe ir junto no primeiro dia de aula, só até o Pré-primário, depois não, já caí na vida. A gente chegava, as professoras falavam para fazer filas imensas. Depois, elas chamavam cada um para a fila da professora que seria a sua. Já estava tudo organizado, mas nós não sabíamos. Eu imaginava que estivesse sendo composto ali, na hora. Algumas amigas que moravam perto de casa caíam na mesma classe, outras não. Então, acabava arrumando amigas novas.

Nós íamos de uniforme e de sapato para a escola, e era horrível, porque em Prudente era muito quente; você punha aquelas meias três quartos brancas, sapato preto, uniforme e gravatinha. A saia do uniforme era quente, a blusa era quente... Esse era meu problema com a divisão por dois algarismos, porque, quando fazia qualquer vento, minha mãe achava que estava frio, naquele calor de Prudente. Nossa! Ficava naquela sala, naquele calor, eu odiava. Na sala, a gente sentava de duas em duas, em carteiras acopladas. Tinha o banco, depois tinha um tipo de uma mesinha, como se fosse uma gaveta para guardar sua bolsa, sua pasta, seus cadernos; tinha um negocinho de pôr o tinteiro, que imagino ser de quando se escrevia com pena, mas não usávamos aquilo, porque usávamos caneta. É que o grupo escolar já era muito antigo. Então, eu sentia uma coisa muito chata. Da primeira parte da aula, que era Português, eu sempre gostava mais, porque estava muito mais descansada. No mais, eu achava muito chato. Gostava muito de Línguas, então, as matérias de que eu gostava, eu aproveitava muito e não me entediava; agora, o que eu não gostava, tinha que arrumar esquemas para conseguir ficar parada. Para mim, era muito sacrificante ficar sentada na carteira ouvindo aquelas coisas. Demorava muito para acabar o ano letivo. Eu sabia quando era a época das férias porque as cigarras começavam a cantar.

Tinha as coisas muito chatas do ensino tradicional, da escola chata, daquele aprendizado sem significado nenhum, mas tinha coisa muito boa, que eu acho que sublimava tudo. Também tinha as aulas de Educação Física. Quando era final do ano, os professores faziam apresentação, e eu amava. Além disso, os desfiles de Sete de Setembro em Prudente eram uma apoteose, porque, como na cidade tinha muito pouca coisa para fazer, então as escolas se empenhavam nos eventos. Tinha concurso de fanfarra, concurso da baliza, concurso do não sei o quê. Todas as meninas que faziam balé iam ser baliza. Meu sonho era ser baliza. Minha irmã não teve dúvida: me ensinou todos os passos. Ela era muito boa, corporalmente falando; dançava divinamente bem tudo que se possa imaginar. Dançava *rock* como ninguém, mambo, rumba. Mambo e rumba não eram da minha época, mas eu via minha irmã dançando; eram coisas que ela via nos filmes e aprendia, e ensinava o meu irmão, que era mais novo que ela. Ela devia ter uns 14 ou 16 anos quando eles começaram a ir a festas juntos. Eu ficava olhando aquilo; para mim, era como se fosse uma artista de cinema. Ela era superbonita, com aqueles vestidos bem década de 1950, de tule, com aquelas saias armadas. Eu falava para ela que queria ser baliza, e ela já dava o jeito dela, porque, na minha escola, com a idade que eu estava, a gente nem desfilava, mas ela já organizava um *lobby* no Ginásio em que ela estudava e eu ia ser baliza no colégio dela. Ela me ensinava todos os passos; eu ia e arrasava. Era tudo graças à minha irmã: saber andar na ponta do pé, abrir espacato, girar o tal do bastão da baliza. Eram uns troços que custavam caro, e, na minha casa, podia fazer tudo, desde que não se gastasse muito dinheiro, porque eram muitos filhos. Essa história da roupa da baliza, a minha irmã se virava e pegava emprestada; o tal do bastão, ela fazia, era muito habilidosa.

Outra coisa que eu gostava era que a gente combinava entre as crianças do que íamos brincar no dia seguinte. Tinha essa dinâmica de já saber do que você iria brincar, que era o que me atraía na escola. No recreio, a gente tomava lanche e depois brincava. Era tudo combinado, a gente combinava as brincadeiras um dia antes:

– Olha, vamos brincar de "mãe da rua"?

– Amanhã vamos brincar de "o bíboro da cruz" – aqui em São Paulo, eles falam "o símbolo da cruz", lá em Prudente era "o bíboro da cruz", acho que a gente foi fazendo umas corruptelas.

–Vamos brincar de "céu e inferno"!

Era muito interessante, porque tinham os grupos das pessoas que eram mais próximas, mas, na hora da roda, se juntavam todas as meninas do grupo escolar, então, ficavam rodas imensas, que eu nunca vi daquele tamanho na minha vida, e todo mundo sabia as coreografias.

Quando estava mais quente, brincávamos de roda, porque a brincadeira era dentro do pátio, e quando era inverno, eram outras brincadeiras. Mas era tudo por nossa conta, a gente sentia isso, a professora não falava, como fazemos hoje:

– Olha! Vocês vão brincar aqui porque hoje está quente.

A gente mesmo sacava isso. Hoje, eu vejo que é por isso que as brincadeiras eram temporais. Quando estava aquele solão, a gente brincava de roda, "passa anel", esse tipo de brincadeira de salão no pátio coberto e, lá fora, a gente brincava de correr, quando era inverno.

Nós levávamos a lancheira e tomávamos o lanche no pátio, nada com as professoras. Tomava o lanche e depois deixava a lancheira num banco e ia brincar. Eu nunca tomava o lanche, para poder brincar logo. A minha mãe fazia o lanche, mas ela nem inspecionava. Não me lembro de levar uma bronca por não ter comido. As crianças eram muito independentes, pelo menos na minha casa. Só quando era uma coisa assim, que eu gostasse muito, por exemplo, pão com goiabada, que eu amava, aí, eu comia, caso contrário dava uma mordida e já ia brincar.

Uma coisa que eu me lembro é que, quando eu voltava para a sala, eu estava muito cansada, principalmente quando eram as brincadeiras de correr, porque o nosso recreio era bem longo. Quando eu voltava para a sala, sentia cansaço. Tinha vontade de me espreguiçar. Acho que é por isso que eu faço descanso na minha sala. Eu me lembro de como era gostoso ir para o recreio, mas também daquele desconforto da hora em que eu voltava. Eu era muito ligada na tomada. Na hora que ia brincar, não parava. As brincadeiras que envolviam atividade física eram as que mais me ocupavam.

Quando chegava cansada da escola, fazia a lição e descansava. Tudo por conta própria. Eu também ajudava minha irmã mais nova a fazer lição, porque ela tinha muita dificuldade com tudo. Eu gostava muito de brincar de escolinha. Em uma época, eu cheguei a ter uma turma com essa irmã mais nova e eu dava aula de fato. Agora, eu percebo que eu ensinava de verdade. Eu me dedicava! E a minha irmã espelhava tudo na hora de escrever. Hoje, entendo o que acontecia com ela, mas na época eu ficava transtornada. Falava:

– Como é que essa menina não sabe fazer esta coisa tão fácil?

Eu até punha um espelho pra ver se resolvia. Aí a mãe da amiga dela ficava sabendo que eu ajudava a fazer a lição, mandava a amiga. Dali a pouco, juntaram três ou quatro meninas.

À tarde, depois da lição, tinha as brincadeiras mais calmas, como a de casinha, acho que por conta do nosso próprio biorritmo, que ditava as brincadeiras, e não precisava ninguém falar:

– Olha, agora você vai brincar disso, você não vai brincar de correr.

– Agora é tal brincadeira, você almoçou.

A gente sabia, não era nenhuma imposição. Cada brincadeira, como elas eram organizadas de acordo com os horários, tinha diferentes pessoas. As brincadeiras depois do almoço e depois de fazer lição eram com os meus vizinhos: um moleque chamado Tuca, que morava bem ao lado, e umas meninas que moravam na esquina. A gente costumava brincar de casinha na casa da Dona Maria, que era lavadeira e lavava roupa pra nós. Eu era de uma família de classe média, morava numa casa legal e tinha umas casas bem humildes perto da minha casa. A casa da Dona Maria era como se fosse um sítio, era um ranchinho pequenininho. Tinha poço e ela tirava água para lavar roupa. Era delicioso ir à casa dela, porque tinha mais mato. Tinha muita árvore e muita trepadeira, tudo assim do mato mesmo, nativo, que ficava como umas cavernas, como umas cabaninhas com bastante sombra. Então, a gente ia para lá, a filha mais velha dela, que chamava Alzira, varria tudo e a gente brincava de casinha. Nessa casa, tinha fogão de lenha e a Alzira fazia comida de verdade numas latinhas que nós levávamos. Era muito legal. A gente também brincava de venda, botava umas prateleiras no chão e fazia bolo de barro. Todas as crianças se relacionavam. Por exemplo, eu, que meu pai era o cara do cartório e tinha um prestígio na cidade, e um outro garoto que morava do lado da minha casa, o pai dele era médico. Mas, aí, a gente era superamigo dessa menina, que era filha da Dona Maria, que era lavadeira, e tinha um outro moleque que vendia pirulito, chamava Mané Piruliteiro. A gente adorava porque ele tinha um tabuleiro em que punha os pirulitos e a gente achava o máximo aquilo. Era todo mundo amigo. E a gente estudava junto. Não tinha estratificação social nenhuma porque, como a escola era muito boa, principalmente essa do Ginásio e aquela a partir da terceira série, todo mundo da cidade estudava lá. Eu tinha amigas que as mães eram empregadas domésticas, às vezes eu ia à casa delas. Achava o máximo que as meninas arrumavam a cozinha, lavavam louça. Eu achava aquilo maravilhoso.

A gente tinha muito pouco brinquedo. Eu ganhava brinquedo no Natal, como as crianças ganhavam em geral, mas ninguém tinha assim uma *overdose* de brinquedo. Tinha uma boneca, umas xicrinhas, mas quase não brincávamos com aqueles nossos brinquedos. A gente brincava muito, mesmo com lata, caixinha, essas coisas. Em Eneida, nossa casa tinha porão, então, eu ia lá no porão procurar essas preciosidades. Achava vidro de perfume, era o máximo. E depois que a gente brincava muito, feito louco, minha avó que morava comigo lia para nós. O Tuca tinha a coleção completa do Monteiro Lobato. Ele levava os livros dele e eu amava, porque eram muito bem ilustrados. E ele tinha um outro que chamava *Tesouro da juventude*, também tinha umas ilustrações que eu achava o máximo. Essa minha avó tinha quebrado a perna e não pôde operar por causa da idade, então, ela andava de cadeira de rodas. Como ela gostava muito de ler e gostava do Monteiro Lobato, era um passatempo pra ela também. Todo dia tinha isso.

Para mim, o tempo era muito longo. Eu fazia muita coisa. Um dia era muito comprido, porque depois tinha um banho, o jantar e as brincadeiras depois do jantar, que eram com a rua inteira, muita gente. Aí, os meninos maiores brincavam de outras coisas, a gente brincava das nossas brincadeiras, mais para nossa faixa de idade, que a gente tinha domínio. Eu gostava dos jogos mais movimentados, que fazíamos à noite: "pé na bola", "balança caixão", "corre cutia" era "lenço atrás", todas as brincadeiras de roda, brincadeiras com coreografia que viravam uns jogos mesmo, umas que eram de correr, de saber quem estava aqui, quem estava ali... E tinha épocas, os jogos da temporada, porque tinha tempo de bolinha de gude para os meninos, a época da pipa, que era quando tinha vento. Muitas vezes, as brincadeiras de meninos e meninas eram separadas, mas na queimada as meninas deixavam os meninos entrar. Nas brincadeiras de roda, nem pensar! Minha vantagem é que meus irmãos me ensinavam os jogos deles. Então, na minha casa, com os meus irmãos, eu jogava bolinha, jogava "bete" – que tinha um taco que você batia na bola e tentava derrubar uma casinha de madeira.

Tinha muito vaga-lume em Prudente e era superescuro. Tinha época de brincar de pegar vaga-lume. Eu acho que era no inverno, quando anoitecia mais cedo. A gente ia no mato, no mato cerrado mesmo, pegava os vaga-lumes e punha dentro de uma garrafa transparente. Tinha um monte de vaga-lume. A gente saía cantando:

Vaga-lume tem tem,
teu pai tá aqui,
tua mãe também.

E, aí, enchia a garrafa de vaga-lume e saía que nem uma lanterna, com todo mundo em volta. Eu lembro que era muito bonito. O vaga-lume brilhava, era muito legal. Quanto mais escuro melhor. A gente ralava para achar uma garrafa, porque não era esse consumismo que é hoje. As pessoas usavam como vasilha. Ainda mais na minha casa, que sempre foi vinculada com sítio, fazenda, chácara, então, sempre usava para pôr leite, esse tipo de coisa. Lá em Prudente também tinha um buracão, que era como se fosse um córrego que eles estavam canalizando, e a gente ia brincar lá. Descia aqueles morros e passava o dia lá. Minha mãe ia pro cartório e nem sabia, nem sonhava. Podia ficar na rua até certa hora. A gente tomava banho e ia brincar na rua, na frente de casa. Aí, as mães chamavam. Cada mãe gritava pelo seu filho. Nunca me esqueço de que eu lavava o pé antes de dormir, porque a gente tirava o sapato para brincar lá fora. E o meu marido, que também era de Prudente, também lavava o pé quando voltava da rua. Foi muito engraçado quando ele me contou, porque eu me lembrei disso. Todo mundo voltava com aquele pé imundo, lavava o pé e ia dormir.

Quando eu vinha para São Paulo, eu abominava, detestava a televisão. Eu até gostava da cidade, de sair, de ir ao parque, mas odiava televisão. Os meus primos daqui assistiam demais e eles se exibiam muito quando iam para Prudente. Eles falavam:

– Ai, aqui não tem televisão?

Com isso, eu ficava louca de curiosidade. Quando eu vi pela primeira vez, com uns 13 anos, eu achei uma coisa tão horrível, mas não podia falar, não queria ser desagradável e também não queria ficar por fora. Ficava todo mundo assistindo à TV em branco e preto, tinha milhares de programas que todo mundo via. Acabava o jantar e ficava todo mundo ali. Na minha

> "Tive um aprendizado muito relacionado com a contação de histórias"

casa, não. Meus pais recebiam uns amigos e jogavam cartas toda noite, praticamente. Tinha uma vizinhança que se reunia e as crianças brincavam demais na rua. Pelo fato de não ter televisão, a gente tinha uma ligação muito grande com música. Eu vivia a música como uma história também. Eu prestava muita atenção nos sons, no ritmo, nas letras das músicas e ficava imaginando. Nós brincávamos muito de cantar, quase toda noite. A gente improvisava um microfone de mentirinha e cantava as músicas que tinha decorado. A gente ouvia bastante rádio. Tinha um programa que chamava *Clube Infantil da Fada*, que eu telefonava para pedir música. Minha casa tinha telefone, mas quem não tinha escrevia carta. Mesmo as crianças pediam a música e ofereciam pra alguém. Nesse *Clube Infantil da Fada*, além das músicas infantis, tinha histórias. Foi quando eu entrei em contato com todas as histórias adaptadas por João de Barro, como as da Baratinha, do Macaco Simão, todas essas que eu conto até hoje. Eu aprendi quando era pequena, decorei todas que ouvia nesse programa. Eu telefonava, pedia a tal história e ficava ouvindo para ver se ia ser atendida. Quando essas histórias chegaram em Prudente, nunca me esqueço, gravadas naquele *long play*, em 36 rotações, a minha mãe comprou o da Chapeuzinho e atrás tinha o da Branca de Neve. Como eu amava aquilo! Era demais poder ouvir na hora em que eu quisesse. As minhas irmãs punham na vitrola, porque era algo meio sagrado. E era engraçado, porque na hora que virava o disco eu também virava e começava a contar a história para o outro lado. Memorizava muito rápido e contava para as outras crianças.

Eu aprendia muita coisa relacionada à música e à dança com uma irmã mais velha. Ela era supercriativa e me levava a algumas apresentações no colégio, como a da baliza. Eu me espelhava muito nela, nessa relação com o corpo que ela tinha. Ela era muito jeitosa, sabia costurar e fazia umas roupas pra gente, tipo uma bailarina brasileira assim, estampada. Eu curtia, ficava lindinho. Aprendia os passos com ela. Então, isso que falam hoje que o mundo das crianças era muito distante, eu nunca senti na minha vida. Eu vejo meus alunos e me sinto muito próxima deles porque tinha essa relação com os irmãos. Acho que minhas irmãs curtiam muito a gente. Era como se elas fossem nossas tias, porque nós éramos as primeiras crianças que elas estavam vendo se desenvolver; então, tinha aquela coisa de ser divertido, de aprender. Quando vinha gente em casa, ela me mandava dançar, eu dançava e acreditava que estava fazendo tudo igual a ela. Eu me imaginava no circo; aí, eu escalava a porta, pó-pó-pó, depois, subia perto da cortina. Meus irmãos e, às vezes, até meu pai me pediam pra me apresentar para as visitas. Então, eu me achava! Tenho

> "Tive um aprendizado muito relacionado com a contação de histórias"

essa coisa de espetáculo muito presente na minha vida. Todos os meus irmãos e irmãs eram excelentes jogadores de vôlei e basquete. Eu era bem pequenininha, mas ia a todos os jogos e torcia. Minhas irmãs ensinavam os gritos de guerra. Era bem coisa das irmãs grandes exibindo as irmãs pequenas e todo mundo achava engraçado, achava divertido. Mas eu mesma nunca fui pra esse lado desses esportes que precisavam de mais altura, tipo vôlei, basquete. Sempre fui pequena. Na escola, eu preferia jogar queimada, ginástica olímpica, essas coisas.

O cinema também foi muito presente na minha vida. Em Prudente, quando o filme era proibido para menores de 12 anos, mas se os pais achassem que o filho podia e se responsabilizassem, aí, podia entrar. Só tinha que ter um responsável. Minhas irmãs me levavam. Acho que tinha aquela história que o pai só deixava ir ao cinema com o namorado se levasse a irmã junto, mas eu nem sei de nada porque ficava vendo o filme. Ia ao cinema no sábado à noite e no domingo eu ia à matinê. Quando eu era muito pequenininha, até os 7 anos, tinha a Ção, o jeito carinhoso de chamar a Conceição, que ajudava a cuidar da gente. Era como uma irmã de criação. Então, às vezes ela deixava a gente na porta do cinema e ia com as amigas babás nos programas de auditório da rádio enquanto víamos o filme. Eu tinha uma tia que morava em casa, era muito culta, mas, pejorativamente, as pessoas naquela época chamavam de "solteirona". Assim que eu chegava, ela perguntava:

— A fita foi boa? Como é que foi?

Era só para ver se eu sabia contar. Eu contava tudo. Também perguntava sobre a música e me fez começar a prestar atenção nas trilhas sonoras. Assisti a vários filmes do Billy Wilder, que têm trilhas sonoras incríveis. Até hoje me lembro das músicas como eu ouvia no cinema. No cinema, as meninas acabavam tendo uma inserção no mundo masculino, porque a gente também ia ver filme de mocinho, filme de índio, eu adorava. Roy Rogers, *Zorro*, ia ver tudo. Por conta da professora de História, eu adorava filmes como *Spartacus* e *Ben Hur*, porque eu sentia como se a aula fosse aquilo. Quando eu ia à noite, por causa das minhas irmãs, assistia Elizabeth Taylor e coisas do gênero. Eu podia estar boiando na história, mas, mesmo assim, me encantava com as imagens e os sons. Sempre gostei muito de cinema e de circo.

Desde os 7 anos eu ia sozinha ao circo. Hoje, quando vejo um circo, me lembro de tudo. Não é só uma memória visual, mas de cheiro mesmo, das coisas do circo, das comidas, da pipoca, daquelas pipocas carameladas. Quando o circo vinha, eles distribuíam bônus que davam um grande desconto. Não existia esse consumismo de hoje, mas cultura, a gente consumia esse tipo de diversão o quanto quisesse, não era caro. Eu e minhas amigas víamos as coisas no circo e imitávamos nas nossas brincadeiras. Tinha uma goiabeira na casa de uma amiga que ficou com um galho torto de tanto que a gente sentava. A goiabeira era a arquibancada e o galinheiro, que era desativado, era nosso camarim. Nós montávamos tudo direitinho, fazíamos uma cortina e uma lona entre a goiabeira e o galinheiro. A gente punha todas as crianças menores sentadas para assistir. Eu não sei como eles paravam sentados! A gente achava que estava fazendo tudo como via no circo. Tinha uns números de cortar a mulher no meio, que a gente tentava imitar, só que do nosso jeito. Era muito legal, porque era a nossa invenção.

Meus irmãos tiveram uma importância fundamental na minha vida, porque eram muito próximos. Eram de outra geração, mas eram muito próximos. Eram educadores à moda deles. Eles estavam descobrindo o mundo infantil. As meninas tinham um instinto maternal, cuidando da gente, fazendo penteado, roupinha... A gente se dividia em três quartos. Eu dormia com duas irmãs; os três meninos tinham um quarto imenso; e as duas irmãs mais velhas tinham um quarto só pra elas. Era superarrumado, entrar lá era um acontecimento social. Elas não deixavam a gente fazer bagunça. Em casa também tinha essa moça que estava sempre com a gente, ela não era uma empregada, era como se fosse uma pessoa da família, mas fazia muito serviço doméstico. Mas, mesmo assim, a minha mãe sempre deu uma função para todo mundo. Tinha divisão de tarefas. Eu tirava o pó dos móveis e arrumava a mesa. Um dia, era eu quem arrumava a do almoço, e a minha irmã caçula, a do jantar, e depois trocava. Eram mesas enormes. Não cabia todo mundo na mesa da sala, por isso, tinha uma mesa na cozinha para as crianças: eu, as minhas duas irmãs e o meu irmão, quando ele ainda era pequeno. Não era nada segregado, a gente adorava, porque, daí, a gente pintava e bordava na hora do almoço, se escondia embaixo da mesa, fazia aquela farra. Os filhos dos amigos do meu pai eram muito diferentes da gente, porque eram filhos únicos. A diferença já começava nas roupas, no jeito de andar. Quando eles vinham, almoçavam com a gente na mesa e amavam. Era muita farra, a gente inventava tudo que você possa imaginar. Se a gente tivesse assistido *A Dama e o Vagabundo*, na hora do almoço a gente chupava o macarrão igual ao Vagabundo. Se estivesse na mesa dos adultos, não poderia fazer aquilo; então, todas as transgressões eram ali, na hora das refeições. E a Ção, que era muito legal, entrava na nossa brincadeira. No dia do aniversário, a criança podia almoçar, jantar, tudo na mesa dos adultos. Lá era completamente diferente,

> "Tive um aprendizado muito relacionado com a contação de histórias"

porque a minha casa, além de ter um bando de filhos, era uma casa em que sempre tinha muita gente. Como meu pai era uma pessoa superinfluente na região, era uma casa em que tinha muito hóspede. Uma rotatividade de pessoas diferentes muito grande também, fora a família e fora a minha avó paterna, que passava o inverno com a gente, e essa minha tia. Então, na mesa devia ter umas 11, 12 pessoas. A minha mãe falava:

— Abre a mesa!

Tinha uma extensão, eram duas tábuas que encaixavam. Quando era só a minha família, era uma medida, e quando tinha visita era mais uma. Achava aquilo o suprassumo da tecnologia. Mas eu não gostava muito de fazer as refeições ali. Sentia um pouco de tensão. Porque, como eu morava no sítio e era muito amiga das crianças dali, eu falava igual a elas quando estava junto. Mas, em casa, as pessoas falavam corretamente, o meu pai corrigia muito e eu morria de vergonha. Meu pai era muito chato com essa questão de português, e não perdoava quando sobrava alguma concordância, quando algum verbo não era conjugado. Então, como meu pai chamava atenção, eu não gostava muito.

Ir definitivamente para essa mesa era um marco de crescimento. Acho que fui com uns 10 anos, na quarta série. Aí já sentava sempre com os adultos. Mas sempre que tivesse muita visita, ia pra outra mesa. E a nossa vida acabava sendo muito mais na outra mesa. Quando vinham nossos amigos era muito legal, um momento em que você ficava muito próximo daquelas pessoas, não tinha nenhuma trava, não tinha nenhum adulto enchendo.

Dadas as devidas proporções, na minha juventude tive a mesma liberdade da infância, porque tudo que nós fazíamos era por nossa própria conta e risco. Meus pais já estavam numa fase da vida que eles não tinham mais "saco" para ficar cuidando, levando os filhos para cá e pra lá. Se quisesse, tinha que se virar e ir sozinho. A gente amava. Em Prudente, tinha muita festa nos finais de semana. Eram uns bailes, no clube ou nas casas das amigas, que se chamavam "Brincadeiras dançantes". Era um tipo de matinê dançante que começava mais cedo e a gente ia quando era menor. Depois, mais tarde, era uma boatezinha, quando eu tinha uns 16 anos. E como morávamos perto do clube, a gente ia sozinha. As festas juninas de todas as escolas eram muito boas; a gente participava da organização, trabalhava na festa e, ainda, se divertia.

No interior, quando os filhos tinham 16 anos, já aprendiam a dirigir com os próprios pais. Meu pai gostava muito de carro. Importava carro quando não tinha indústria automobilística aqui, gostava muito de corrida, era uma pessoa superligada nesse universo. Ele não tinha o menor grilo com essa história de filho pegar o carro. Eu sempre tive muito medo e acabei não aprendendo, mas meus irmãos aprenderam só de ver meu pai dirigir. Eu e minhas irmãs tínhamos uma amiga, filha única, que morava ao lado. Essa aprendeu a dirigir, então a gente ia com ela. Era o máximo! Meu pai amava, porque ele não precisava ir buscar. Às vezes, ele era meio retrógrado, reclamava que a gente ia a festas demais, chamava de "arroz de festa" e, em alguns momentos, proibia. Eu lembro que o pessoal de São Paulo se exibia muito falando das coisas que tinha aqui e que não tinha em Prudente, mas a gente sempre estava em vantagem quando o assunto era poder voltar tarde para casa. Em São Paulo, todo mundo era muito tutelado, nós, não. Voltávamos de madrugada, sem problemas. Carnaval, aí, sim, ia um adulto acompanhar. Podia ir a partir dos 16 anos, oficialmente. Eu tinha azar porque, como eu sempre tive cara de muito mais nova que era, só pude ir a partir dos 14 anos. Minha irmã mais nova não, porque ela era moçona, então, já entrava, mesmo mais nova.

    A gente se produzia bastante para sair, se maquiava, pintava o olho e tal. No tempo da minissaia, a minha era a mais míni possível. Depois da míni, veio uma que se chamava microssaia, que a calcinha era do mesmo tecido. A gente usava, não só nas festas, mas pra sair de dia também. Prudente era uma cidade em que você podia ter uma relação com o corpo muito boa, porque era muito quente. Todo mundo andava de *short*, de minissaia. Meu pai ficava bravo e fazia descer a barra, falava:

— Eu pago por cada centímetro.

A gente blefava, punha um cinto, arrumava um jeito pra descer um pouco e depois encurtava de novo. Me lembro de uma vez que eu ia com minha irmã e uma prima de São Paulo a um tal de baile do suéter e meu pai deu uma *blitz* antes de sairmos. Deu uma olhada em todo mundo e invocou com a calça da minha irmã mais nova, que era grandona e tinha um corpão bonito, que chamava atenção. Falou que estava apertada demais, tipo capa de espingarda, e que tinha que trocar. Foi aquele chororô! Eu dei razão pro meu pai:

— Está agarrada demais mesmo. Tire já esta calça ou a gente não vai pra esse baile!

Elas não entenderam nada. Minha prima me chamou no quarto e perguntou:

— Pô, qual é a sua?

— Vocês desçam, que eu jogo a roupa dela pela janela. Eu digo pro pai que estou esperando pra ele dar dinheiro. A gente troca de roupa lá na casa da Rosa Maria.

Aí, foi aquela festa. Tinha um fotógrafo nos bailes, chamado Komatsu, que adorava fotografar a gente porque sabia que a gente comprava as fotografias. Ele fotografou e aparecia a minha irmã com a calça. Depois, meu pai perguntou:

— E as fotos do baile do suéter?

É claro que tivemos que esconder! Lá em Prudente, as meninas saíam cada final de semana com uma roupa diferente. Era aquela história de não poder repetir roupa. Todo mundo ia aos bailes e ao cinema desfilando seus modelitos. E na minha casa, com aquela mulherada toda, não tinha como comprar roupa para todas. Então, nós tínhamos uma costureira. Os vestidos que ela fazia eram lindos, muito mais bonitos, inclusive, que os prontos, porque eram bem ajustados ao corpo. Bom, aí entrei num curso de corte e costura de uma moça. Ela era uma costureira que resolveu dar um curso só para as meninas, só para a turminha da irmã dela, aquelas menininhas bem vestidas da cidade. Ela se chamava Inês. Cada aluna levava o seu pano e a Inês ensinava primeiro a fazer os moldes. O método era meio complicado, era bem matemático. Tirava a medida do ombro, dividia isso, dividia aquilo. Cada qual fazia a roupa para quem quisesse. A primeira roupa que fiz era uma camisa pequenininha. Depois, comecei a fazer minhas próprias roupas. Uma das minhas irmãs tinha uma amiga chamada Zizinha, que começou a restaurar bonecas lá em Prudente. Como a Zizinha restaurava, mas não sabia costurar, ela me chamou pra fazer as roupinhas para as bonecas. Eu inventava pra caramba, porque não tinha aquela preocupação com a coisa precisa. Comecei a ganhar uma grana e, paralelamente, me animei muito com o tal do corte e costura. Fazia todas as minhas roupas na aula, com ajuda da Inês e, no domingo, já saía com os modelitos novos.

Meu pai era um chato a vida inteira, então, a gente namorava escondido dele, mas no fundo acho que ele sabia. Não tinha como não saber. Meus irmãos cuidavam, mas sem invadir nosso espaço. Eles só não queriam que a gente namorasse os "vida torta", porque lá em Prudente todo mundo sabia quem era quem. Os "vida torta" eram os que fumavam maconha. Não podia namorar esses e nem os que deixavam as meninas faladas, que davam amasso e saíam contando por aí. Mas não tinha nada de tomar conta da irmãzinha no baile. Mesmo que meu pai mandasse, eles só faziam de conta. Era uma independência total. Um dos meus irmãos, principalmente, foi um referencial importante pra mim, eu confiava muito nele e respeitava a opinião dele, já que meu pai era distante nesses assuntos. A figura de pai teve um peso na minha vida, mas ele era uma pessoa controvertida, ultramulherengo. Ele era provedor familiar, mas a família não era o foco dele. Eu sacava perfeitamente que meu pai era uma pessoa mais distante, mais ausente. Eu tinha um certo receio de falar com ele, coisa que com a minha mãe não existia.

Nessa época, os namoros eram no cinema, no baile, na rua, na praça, nunca em casa. Na minha casa, os irmãos mais velhos eram draconianos, eles enchiam, gozavam, tiravam sarro. Eu ficava morrendo de vergonha, porque tinha aquela coisa de adolescente de não saber o que está fazendo, de nunca saber se é criança ou se não é. Então, a gente namorava fora e era ótimo, porque, assim, tinha privacidade. Em geral, o pessoal era ultra-ajuizado. Ia para o baile, namorava, mas não tinha nada de drogas. Bebia, fazia essas coisas de moleque. Os namoros não eram firmes, eram namorinhos de adolescente, como se dizia. Era legal porque você tinha muitas experiências de conhecer alguém, namorar, terminar. Uma namorava o namorado da outra numa boa. A gente acabava aprendendo a lidar com a perda. Quando tinha seus 13, 14 anos, a molecada ia bastante à cartomante para saber se ia arrumar namorado, se ia namorar tal menino que estava interessada. O engraçado é que todo mundo ia à mesma cartomante. Ela devia saber da vida da cidade toda.

Era o máximo quando tinha os Jogos Abertos da Alta Sorocabana. Era algo que agitava a região inteira, entendeu? Como Prudente é um polo da região, esse evento acontecia muito ali. A gente sempre ia. Ia torcer e paquerar, principalmente. Vinham garotos de várias cidades e a gente namorava dois, três...

Às vezes acontecia de os três se encontrarem no mesmo baile. As amigas avisavam:

— Ai! Fulano está aí!

Era aquele drama. A gente passava o baile dentro do banheiro, pensando como ia resolver aquilo. Em Prudente, tinha muito escoteiro. Os meninos iam ser escoteiros e as meninas, bandeirantes, mas eu nunca gostei dessas filiações. Não fazia parte, mas namorei muitos escoteiros. Sempre tinha os eventos dos escoteiros, tudo para arrecadar dinheiro para as coisas que eles faziam. Tudo versava em torno das paqueras. Era festa aqui, festa ali, era quermesse, era baile...

Morei dois anos em Londrina, fui pra lá na sexta série. A escola em que fiz o Ginásio era só para meninas pela tarde e meninos pela manhã. Era um lugar moralista, bem conservador. O legal era que a gente deixava bilhetinho para os meninos na carteira e ficava se correspondendo como amigos secretos. A nossa aula de Educação Física era separada para os meninos não verem as meninas de *short*, mas os moleques ficavam todos no muro. Era muito divertido, pois a gente acabava conhecendo os meninos para quem mandava os bilhetes. Na hora do recreio, mesmo no Ginásio, todo mundo brincava. Sempre tinha algum jogo, ou "queimada" ou futebol feminino, que era uma versão nossa. Acho que nós fizemos as regras, porque podia colocar a mão na bola.

> "Tive um aprendizado muito relacionado com a contação de histórias"

Essa fase em Londrina foi uma etapa difícil, porque a situação financeira da minha família mudou bruscamente. Meu pai era uma pessoa muito aventureira. Ele tinha cartório, fazenda, começou a ter muita terra, ganhou muito dinheiro, era uma pessoa que tinha até avião. Pelo que me lembro, teve uma mudança na política econômica. O que sei é que ele foi avalista de um monte de gente e perdeu tudo o que tinha, mas perdeu, assim, de não ter casa, de não ter dinheiro pra pagar aluguel. Era complicado, porque a gente era de uma certa classe social, os amigos continuavam os mesmos, mas, economicamente, a gente estava muito pobre. Tinha toda aquela questão de não ter grana pra comprar roupa, ir às festinhas, acompanhar os amigos e o padrão do grupo. Para quem está crescendo isso é muito duro.

Meu pai prestou de novo um concurso pra cartório lá em Londrina e passou em primeiro lugar. Foi um marco. Aqueles anos para mim tinham sido tão catastróficos, naquela dureza, sem dinheiro para absolutamente nada, a família cheia de dívidas e tudo o mais. Eu imaginava:

— Minha vida vai ser um horror, acabou!

Quando meu pai prestou esse concurso, arrumou um novo cartório, que era bem movimentado e lucrativo. Ficou muito forte para mim a lição de que, indo atrás, as coisas acontecem. Daí, ele e a minha mãe se mudaram para o cartório em Coronel Goulart e a gente ficou em Londrina para terminar o ano letivo. Ficamos com uma irmã bem mais velha que tinha voltado de São Paulo.

    Quando acabou o ano letivo, nos mudamos de novo para Prudente, porque era perto do novo cartório. Meus pais ficaram no cartório e eu e minhas três irmãs, as três bem jovens, ficamos sozinhas com a Ção em uma casa que meu pai alugou para gente morar perto das nossas escolas. Era ótimo. A gente tinha funções ali na casa, todo mundo. Era assim, uma ia ao banco, a outra fazia supermercado. Dividíamos as tarefas entre as três para ninguém ficar sobrecarregada. Até ali, nós não tínhamos essa dinâmica, éramos muito mais tuteladas. Nessa época de Prudente, não, tínhamos que fazer tudo. Até mesmo na escola, uma ajudava a outra, uma ensinava o que a outra tinha dificuldade. Como éramos só nós, a gente se organizava, era uma vida nossa. Tínhamos ampla liberdade, mas éramos responsáveis. Ninguém precisava falar, tínhamos plena consciência de que morávamos as três sozinhas, que a gente tinha que andar na linha, que tinha que estudar, que se a gente pisasse na bola e acontecesse alguma coisa, ia sobrar para o nosso lado.

    Todas as amigas amavam ir à nossa casa, porque morávamos sozinhas. O que era legal ali era que a gente dançava os ritmos da época, *twist*, "hali gali" (*hully gully*)... A gente ficava o tempo inteiro ensaiando o tipo de dança que ia ter nas festas, porque, nessa época, voltamos a frequentar o clube e os bailes à noite no final de semana. A minha casa era o *point*, porque podia ficar ouvindo música alta e dançando. Os meninos também andavam muito juntos. Eles se relacionavam bastante com as meninas, mas tinham o grupo deles. Os meninos eram muito ligados em exatas, diferentemente das meninas, e participavam daquelas feiras de Ciências. A gente tinha um vizinho, que era superamigo, e ele fez uma rádio clandestina. Ele pôs o nome de uma rádio de Santos, porque ele tinha um *jingle* dessa rádio, era a rádio Cacique de Santos. Tinha novela; era eu quem escrevia o roteiro. A gente se matava de rir. Cada um fazia uma parte, uma imitava uma cantora da Jovem Guarda, a Wanderléa, e a gente morria de rir. Um dia, o radar do correio pegou a rádio e acabou a nossa festa. A gente acabava se enturmando com os meninos por conta de alguma coisa que eles faziam nessa área, ou então, na Astronomia. Tinha um clube onde eles tinham umas lunetas, uns negócios e a gente ia lá para ver os planetas. Os moleques eram bem criativos nessa parte mais científica.

    Na minha matrícula no colégio, não teve vaga durante o dia, aí eu fui estudar à noite. Era a oitava série.

As minhas irmãs me buscavam todo dia na escola. Essa história foi muito legal, porque elas vinham me buscar e tinha os meninos do Científico. Eles eram mais velhos, já trabalhavam. Foi assim que começou nossa inserção num mundo mais adulto. Acho que moramos um ano e meio sozinhas. Foi uma época bem diferente daquele baixo astral de Londrina.

  Foi nessa fase que eu comecei a dar aula particular. Sempre gostei muito de criança menor que eu. Como eu era uma das mais novas, em casa não tinha criança pequena, então eu era muito ligada nos pequenininhos, gostava de brincar com eles. Eu já conhecia algumas crianças das redondezas e comecei a dar reforço. Eu gostava de dar aula, era mais uma plateia pra mim. Adorava essa coisa de estar ali na frente das crianças ensinando. Tinha um quartinho na minha casa, nos fundos, onde eu e a minha irmã fizemos nossa sala para as aulas particulares, cada uma com os seus alunos. Tinha uma mesa grandona com bancos de madeira. Nessa época existia um curso pré-vestibular que se chamava Esquema Vestibulares, então, nós pusemos o nome nas nossas aulas de Esquemas Particulares. Os moleques iam superbem, acho que como era outra menina que estava ali dando aula, era muito próximo. Eu não tinha nenhuma metodologia, mas eu ensinava. Continuei dando aula particular até o colegial, ganhava a maior grana. Tinha umas

"Tive um aprendizado muito relacionado com a contação de histórias"

crianças que eu dava aula de graça, quando eu sabia que eram mais humildes. Eu sempre me virava. Sempre arrumava uma graninha ali pras minhas coisas, pra ir ao cinema. Na minha vida, sempre aconteceram coisas que me colocavam numa situação de precisar ser independente.

Existiam três opções de colegial: Clássico, Científico e Normal. Eu queria fazer o Clássico, que era mais voltado para as Ciências Humanas, mas meus pais me obrigaram a fazer o Normal. O discurso era este: tinha que fazer o Normal porque, se eu casasse, já teria uma profissão. O povo casava cedo. Professor era uma categoria, na época, melhor remunerada que é hoje. Entrei no Clássico à noite e fazia o Normal de tarde, mas com muita raiva, só pela imposição dos meus pais. Só que eu não daria conta do Clássico, porque era noturno e todas as baladas eram à noite. Além disso, eu também entrei em um grupo de teatro amador, fazia muitas coisas. Então, acabei por largar o Clássico e comecei a gostar muito do Normal. No meu colégio, tinha um curso Primário como aquele em que eu estudei, que era onde as normalistas davam as aulas práticas. O ensino ali era bem renovado, era muito progressista. Eu adorava ir dar aula pros moleques, fazer as aulas que eram as minhas provas, porque daí usava teatro, usava história, fantoches, muita coisa do que eu tinha tido de experiência.

3

"Eu fazia horta, cozinhava, ia até o lago, passeava pelas proximidades e ensinava um monte de coisas"

Quando eu me formei no Normal, com 18 ou 19 anos, fui trabalhar em um sítio em Prudente. Eu tinha quebrado o pau com o meu pai porque eu não queria fazer faculdade lá. Eu já tinha prestado Ciências Sociais, tinha entrado na primeira fase, mas me rebelei e resolvi não fazer. Cursei um ano de aperfeiçoamento no Magistério e fui trabalhar como professora de primeiro e segundo ano em uma escola na zona rural, em uma cidadezinha minúscula, próxima à Prudente, chamada Alfredo Marcondes. Era uma escola de emergência no bairro do Leque. O nome "emergência" significava que a escola tinha sido criada de acordo com a necessidade do lugar, não era fixa.

Essa escola era em uma casa de tábuas com um biombo dividindo as salas. Não tinha água encanada, tinha poço. Eu – aquela mocinha de 40 quilos, com aquelas roupinhas e acostumada com uma vida bem classe média – é que tirava água do poço. A minha mãe me deu umas dicas e lá fui eu. Quando fui, o que estava me dando medo não era a classe, não era dar aula, era ter que tirar água do poço! Tinha que tirar pra botar água pras crianças beberem, se lavarem, usarem o banheiro, tudo. Comigo assumiu uma garota, a Denise, que era muito legal. Ficamos amigas e fazíamos tudo juntas, inclusive tirar a água no poço. As crianças também ajudavam. Muitos garotos já eram grandes, porque não tiveram condição de ir à escola na época correta. Eles eram muito pobres e ajudavam os pais no trabalho. Eles nos ajudavam pra caramba. Bom, até aí ainda era a primeira parte, eu não sabia que também teria que cozinhar. Nessa escola, não tinha merendeira; por algum motivo ela havia saído. Então, aprendi a cozinhar na raça. Minha mãe deu umas aulas teóricas e eu fui pondo em prática lá no sítio.

Foi uma experiência transformadora. O que eu menos fiz foi ensinar a ler e escrever, esse tipo de coisa. A gente fez horta. Os próprios meninos fizeram a cerca de bambu. Eu jamais me esquecerei disso. Eles foram buscar o bambu no mato, cortaram e depois fizeram um trançado com arame. Nós cuidávamos da horta e o que

"Eu fazia horta, cozinhava, ia até o lago, passeava pelas proximidades e ensinava um monte de coisas"

dava lá, cenoura, rabanete, a gente usava pra cozinhar. No Normal, os professores ensinavam a gente a aplicar o método global, que na época era o melhor que tinha. A gente saía com uma visão muito boa de como trabalhar, só que ali no sítio as teorias desmoronaram completamente, a realidade era outra. O inspetor tinha uma visão sobre Educação com a qual eu não concordava. Eu tinha que fazer um diário das atividades todos os dias, então, eu fazia um diário *fake* e dava aula do meu jeito.

No ano seguinte, eu resolvi fazer faculdade. Eu não queria fazer Pedagogia, porque, na época, as meninas que faziam esse curso eram as patricinhas da cidade. Eu já estava numa fase mais política da minha vida e não gostava das patricinhas. Então, comecei o curso de Sociologia na Unesp. Dessa vez, eu peguei uma escola que era mais longe ainda, no bairro da Glória. Para ir até lá existia uma Kombi que ia deixando os professores nas escolas de cada distrito. Só que a minha era uma das primeiras, então, eu era a primeira a ser deixada e a última a ser buscada. Eu chegava às sete. Como as aulas só começavam às oito horas, eu deitava na mesa e dormia até a hora das crianças chegarem. Éramos eu e uma japonesinha chamada Maria. Essa japonesinha era mais rígida com as crianças e logo um grupo de pais começou a comparar e achar que eu era uma professora muito frouxa. Eles defendiam o que eles mesmos chamavam de "a lei da varinha", que eu tinha que meter a mão nas crianças. Quando o Seu Jaime, que era o inspetor, falou comigo, o que mais me preocupou foi a possibilidade de eu ter que mudar meus métodos com as crianças. Porque eu brincava pra caramba, fazia teatro, incorporava as coisas que eram moda ali do sítio. Eu gostava muito deles e eles gostavam muito de mim. Mas algumas mães achavam que eu deixava as crianças à vontade demais. Eles eram tão reprimidos que nada deixava aquelas crianças à vontade, diferentemente do outro sítio. Eu acho até que as mães tinham uma certa razão. Pedagogicamente, eu devia ser mesmo um desastre. Eu era uma boboca de 18 anos que não sabia nada da vida, sem a menor experiência profissional e me soltaram num ninho de cobras. No final das contas, acho que consegui, com todo aquele ensaio e erro, fazer as crianças terem uma relação diferente com a escola. Na verdade, era isso que eu queria, porque a escola era muito assustadora para elas e as mães ainda mandavam a gente bater se não aprendessem. Consegui ter uma relação muito carinhosa e afetiva. Na metade do ano, aconteceu uma tragédia, porque a japonesinha teve um infarto na escola. O socorro demorou e ela morreu. Eu fiquei muito mal. Acho que eu virei adulta naquele dia. Eu fiquei muito deprimida de ver mesmo a fragilidade da vida. No

"Eu fazia horta, cozinhava, ia até o lago, passeava pelas proximidades e ensinava um monte de coisas"

lugar dela, entrou uma outra menina, com quem pedagogicamente eu afinei muito mais. Fizemos uma boa parceria. Nessa escola, tinha uma varanda superaconchegante, com uns bancos, que a gente transformou num refeitório. Antes, cada criança tomava o lanche na sua carteira, mas a gente achava muito baixo astral ficar ali dentro da classe. Na época, a gente fez isso instintivamente, mas hoje eu sei como deslocamentos como esse são importantes. Nessa varanda, eles também faziam apresentações, como cantar e recitar. Era uma demanda deles, porque ouviam nos programas de rádio. Eles ofereciam a música como se estivessem num auditório e cantavam. Era uma gracinha. Eles começavam ali, cantando com vergonha, dali a pouco ofereciam a música para a namorada, começavam a dançar e já estavam dançando de dois. No sítio, era moda escrever pras rádios em Prudente pedindo música, porque eles não tinham telefone. Direto, eles escreviam pra rádio e ofereciam músicas pra mim. Isso foi mais um estímulo pra eu sair daquele lugar das patricinhas, porque a rádio era aquela coisa superbrega e o locutor falava em alto e bom som:

— Esta música vai para Cibele Lucas de Faria!

Em Prudente, tinha aquela pobreza de espírito da *society*. As pessoas se achavam e os mais humildes eram considerados inferiores. Eu nunca fui desse jeito na minha vida, mas isso era muito forte. Tinha um ranço de vergonha que logo acabou.

No Dia dos Professores, eu ganhava ovo, laranja, frango... Frango vivo! Na perua, era a maior gozação. A gente ia rindo com os frangos até chegar a Prudente. Algumas mães tinham uma técnica de embalar o frango que facilitava para carregar. Elas amarravam a perna do frango e enrolavam um jornal como se fosse uma fralda. Eu levava o frango assim. Agora, tinha outras que não, então, eu levava o frango solto. Uma vez, o perueiro me deixou na praça e o frango fugiu. Eu morria de vergonha, por conta daquela coisa das patricinhas, mas nessa altura eu já estava de tal forma imbuída daquele novo ambiente que fui atrás do frango. O segurança da praça, os taxistas, todo mundo me ajudando. Foi algo que virou lenda, o frango no centro da cidade.

Essas escolas eram interessantes, eram muito rústicas. Tirar água de poço, cozinhar, tudo isso demandava um tempo. Na verdade, a escola ficava parecendo uma casa. Eu adorava isso, porque detestava dar aula. Eu dava aula e ficava muito angustiada por ver que as crianças não estavam entendendo nada. Eu me perguntava o que criança daquela idade, daquela classe social tinha a ver com as matérias que eu tinha que ensinar. Eu não tinha a menor noção do que fosse esse pensamento naquela época, mas, felizmente, eu conseguia me indignar

"Eu fazia horta, cozinhava, ia até o lago, passeava pelas proximidades e ensinava um monte de coisas"

com isso. Também tinha a minha dificuldade de ensinar, não é que eu fosse uma pessoa altruísta. Mesmo assim, eu conseguia – não me pergunte como – alfabetizar aquelas crianças. De qualquer maneira, eu demorava, eu investia tempo nos momentos que não eram de aula formal, porque eu achava que aquilo era muito legal para todos. Nessa hora, a gente ficava junto, conversava, eles contavam casos: uma cobra que alguém tinha visto, esse tipo de coisa. Eu também conseguia fazer um trabalho com as mães. Ensinava corte e costura.

Eu não tinha nenhuma visão progressista. Era assim porque eu gostava de ser daquele jeito. Eu via a escola como uma casa e sentia que tinha que tratar as crianças daquele jeito. Eu achava que elas eram merecedoras. Acho que o fio condutor da minha prática se mantém até hoje, que é a minha relação com os alunos. Eu consigo me separar deles, quer dizer, eu sou o adulto, eles são as crianças, mas, mesmo assim, ficar perto, sentar junto, fazer coisas. Me incomodava muito a forma preconceituosa como minhas colegas perueiras se relacionavam, se referiam aos alunos delas. Quando eu estava junto dos meus alunos, no fogão ou na varanda, tinha muita brincadeira com eles, muito jogo dramático. Isso eu posso extrair como um aprendizado, pois percebo que essa proximidade é uma coisa que se mantém até hoje. Outra coisa que se mantém é a saudade. Naqueles primeiros anos, eu sentia demais cada separação de um grupo no final do ano. Chorava muito. Agora, vivo isso de um jeito diferente, estou mais acostumada, mas sempre existe a saudade de saber que não vou mais trabalhar com eles.

No segundo ano do curso de Sociologia, me transferi para a USP e vim para São Paulo, mas era época da ditadura e estava muito ruim, estava horrível. A USP estava mais fechada que aberta; então, eu fui pra Escola de Sociologia e Política e terminei o curso lá. Fiz alguns trabalhos como socióloga, mas detestei todos. Fiz pesquisas de mercado e trabalhei em teses de professores. Trabalhei na tese de um economista que era da Secretaria de Agricultura. O trabalho era muito chato, eram muitas tabelas para fazer. Também trabalhei no Cenafor, um órgão do MEC, fazendo outro tipo de pesquisa. Eu participava da coleta e da análise dos dados em escolas técnicas. Depois que eu fui descobrir a grande sacanagem, pois acho que já era uma pesquisa para mapear as condições de implantação do ensino pago nas escolas técnicas. Eu até ganhava bem, mas não queria passar a minha vida fazendo tabelas. No frio, dava um sono! Na época, fiquei perdida profissionalmente. Esse tipo de trabalho não me motivava como dar aula. Dar aula sempre foi a atividade mais prazerosa pra mim. Essa questão do afeto que você precisa ter com a criança para conseguir trabalhar, conseguir alfabetizar, acho que sempre foi muito presente na minha vida.

"Eu fazia horta, cozinhava, ia até o lago, passeava pelas proximidades e ensinava um monte de coisas"

Foi quando eu tive um problema no rim. Tive uma infecção urinária, não percebi e foi para o rim. Eu fiquei mal, tive que ficar em repouso absoluto. Quando me recuperei, prestei um concurso para professor e passei. Adorei voltar a dar aula! Fui pra uma escola em Cotia, o São Fernando, que funcionava num clube de golfe chiquíssimo para os filhos dos funcionários. Existia uma colônia, onde todos eles moravam. A vida dos moleques era muito parecida com a vida que eu tinha quando era pequena. Era uma escola muito difícil de trabalhar, porque era multisseriada. A outra professora era uma garota muito legal. Ela também tinha uma formação bem humanista, fazia História. Nós nos dividíamos da seguinte forma, uma pegava o primeiro e o quarto ano e a outra ficava com o segundo e o terceiro. A gente se revezava a cada ano. Eu fiquei quatro anos lá. Quando abriu mais uma sala e uma nova professora foi contratada, decidimos por unanimidade que quem desse aula para o primeiro ano ficaria só com essa turma, pois alfabetização era mais difícil.

O que as outras professoras pensavam sobre Educação combinava muito comigo, porque ninguém queria massacrar as crianças. Todas nós víamos as crianças como pessoas que moravam naquele lugar, que tinham aquela vida. Eram filhos de trabalhadores, de famílias muito pobres, mas de uma pobreza não urbana. A gente adorava dar aula lá, apesar de todas as dificuldades. Faltavam muitos recursos. Às vezes, nós levávamos até o giz de lousa, porque não tinha. Papel para desenhar também. Meus amigos da Politécnica me davam papel de rascunho, que no verso estava em branco, e eu levava para as crianças desenharem. Era o papel daqueles computadores antigos, que vinha um grudado no outro e precisava destacar. Nós mesmas conseguíamos tudo pra usar na escola, não tinha nenhum subsídio do governo.

Era tempo da superditadura. Vinha a prova pronta da Delegacia de Ensino. A Secretaria da Educação mandava tudo já impresso. Era aquela coisa horrível, sem o menor sentido para uma criança que morava naquela comunidade, que tinha aquela experiência da vida. Vinham questões que não tinham nada a ver com o mundo deles, sobre os militares, os presidentes, sobre História do Brasil do jeito mais grosseiro que se possa imaginar. Então, nós combinávamos: a gente dava aula de um jeito completamente diferente, se baseando muito nas experiências deles e, depois, treinava as crianças para a prova. Eu fazia horta, cozinhava, ia até o lago, passeava pelas proximidades e ensinava um monte de coisas. Nós respeitávamos a cultura deles, porque conheciam tudo que tinha ali e nos ensinavam. Eu até vi que eles não estavam aprendendo a ler de jeito nenhum e fiz uma cartilha com os bichos de lá. Na região, tinha

"Eu fazia horta, cozinhava, ia até o lago, passeava pelas proximidades e ensinava um monte de coisas"

muito passarinho. Em comum acordo, a gente treinava eles para a prova oficial porque, senão, ninguém passava de ano. Nós ensinávamos a fazer a prova mesmo:

—Vai ser assim, assim.

Os meninos eram muito talentosos. Eu tenho até hoje muitas redações deles guardadas. Eles também tinham essa coisa do jogo dramático muito forte. O Raul, na época, era meu namorado. Ele ia lá fotografar todo mundo. Quando chegava a Semana da Pátria, a gente tinha que fazer aquela coisa bem careta, bem militar, dando uma atividade por dia, com cada general sendo homenageado. Nós criávamos umas atividades muito legais com eles. Fazíamos futebol com as cores da bandeira, dessa maneira a gente incluía. O Raul ia, fotografava, ficavam aquelas fotos lindas, a gente anexava com as redações das crianças e mandava para a Secretaria da Educação. Éramos elogiadíssimas. Dessa forma, a gente conseguiu sobreviver bem ali.

Tinha algo que me incomodava muito. A maior contradição, para mim, era uma criança que deslanchava na alfabetização e a outra que ficava. E você tinha que levar todo mundo junto, todos tinham que acompanhar. Um método de alfabetização era cobrado pelo inspetor, e ele sempre vinha ver em que ponto você estava. Era muito doloroso, porque eu via crianças inteligentíssimas, que hoje a gente sabe que têm uma hipótese sobre a escrita, silábica, pré-silábica, mas que ali não tinha respeito nenhum por isso. Todo mundo tinha que estar pronto e sabendo escrever. Tinha que aprender junto. Da minha própria cabeça, eu comecei a inventar outras atividades na sala. Fiz uma biblioteca, fiz um canto de jogos, que não era nem um canto, eu guardava uns jogos no meu armário e arrumava ali. Dessa maneira, eu separava um pouco as crianças e dava aula para cada um de acordo com o seu desenvolvimento. Mas ficava sempre aquela contradição:

— Pô, ele é tão inteligente. Por que não aprende? Por que não deslancha?

Nessa época, fui fazer estágio no EVC. Eu pirei quando conheci as atividades diversificadas, era um momento que as crianças faziam opções. Eu pensei: "É disso que eu preciso na minha vida, lá no sítio!".

Mas quando eu descobri a pólvora, naquele ano teve um decreto que extinguiu o São Fernando. Não era nem por falta de aluno, era porque o loteamento foi ficando cada vez mais chique, cada vez mais sofisticado e resolveram tirar a colônia dali. A minha ideia, se eu entrasse no EVC, era continuar no São Fernando com a teoria aplicada. Queria levar o aprendizado que teria para lá. Mas, como a escola se extinguiu, fui trabalhar em Itapevi. Era um grupo escolar horroroso, com diretor, diferente das outras em que éramos nós sozinhas.

> "Eu fazia horta, cozinhava, ia até o lago, passeava pelas proximidades e ensinava um monte de coisas"

Era todo aquele horror que vinha impresso da Secretaria, planejamento pronto, com o cara ali presente. Aí eu pensei: "Meu Deus, o que vai ser da minha vida? Vou ter que trabalhar aqui."

Quando fui chamada no EVC, passei a trabalhar só lá, onde estou até hoje. Eu sinto que o EVC me deu régua e compasso. Eu trouxe muitas coisas comigo, mas também aprendi muito, principalmente na parte de Artes, pelo fato de eu ter material abundante e muita liberdade pra montar minhas atividades. Então, se estamos, por exemplo, estudando piratas, aparece uma sereia, a gente faz com jornal, depois pinta. Eu vi como é bom trabalhar com uma boa estrutura. Quando a gente vai desenvolver um projeto, há todos os recursos pra isso. Não só material, mas de equipe também. A gente tem toda aquela macroestrutura de orientador, diretor e coordenador, que, de verdade, orienta o trabalho, diferentemente daquele bedel que inspeciona as salas de um modo absurdo. Desse ponto de vista, tenho a mesma liberdade que tinha nas primeiras escolas, mas com melhores condições. Temos também a liberdade de poder ir trabalhar muito à vontade com relação às roupas. Isso dá um conforto corporal para o professor poder interagir com as crianças, além de passar a mensagem de não valorizar tanto a aparência.

Não é que o EVC não tenha nenhum defeito, mas eu me amoldo muito bem e tenho um grande reconhecimento pela escola, tanto na minha vida profissional quanto na minha vida pessoal. Nos momentos muito difíceis do caminho, o EVC sempre esteve do meu lado. Quando o Raul, meu marido, morreu, tinha plantão de gente se revezando, até de noite, para me dar uma força. Desse jeito, o EVC foi assumindo um lugar importante na minha vida. Eu me sinto muito à vontade lá, igualzinho às escolas do sítio. Acho que é isso, é como se eu estivesse andando pelo quintal da minha casa, essa sensação muito boa.

Teve uma época em que eu comecei a ganhar mais dinheiro animando festas infantis que como professora. Fazia como *freelancer*, um trabalho que entrou para complementar o salário. Foi com isso que consegui dar conta da criação da Júlia depois da morte do Raul, quando, da noite para o dia, eu fiquei só com o salário de professora. Naquela situação, com a Júlia pequena, não tinha como trabalhar em período integral. Eu não podia deixar minha filha sozinha num momento difícil como aquele. Antes disso, eu já tinha tido a experiência de animar algumas festas da própria família. Eu gostava de fazer aquelas brincadeiras e teatros, porque fazia muito isso quando era criança. Quando a Júlia começou a fazer festa, com uns 3 anos de idade, eu mesma inventava as brincadeiras. As festas eram na minha casa e acabaram virando algo que até os adultos queriam saber o tema do próximo ano, porque todo mundo se divertia muito.

> "Eu fazia horta, cozinhava, ia até o lago, passeava pelas proximidades e ensinava um monte de coisas"

Na primeira festa, de 3 anos, a Júlia queria ser uma fada e queria que tivesse um mágico. Então, criei um teatro em que eu era o mágico e a transformava numa fada. O Raul tinha uma tia muito engraçada, chamada Rosa, que também entrou na história. O mágico transformava a Rosa na mulher mais gorda do mundo e ela queria se casar com o mágico. Na época, ainda não tinha essa história do politicamente correto e mulher mais gorda do mundo era uma coisa muito engraçada. Enchi a Rosa de bexigas e botei uns lençóis por cima. Ela ficou imensa. O mágico não queria casar porque ficava muito pequeno perto dela. Então fez uma mágica para resolver esse problema. Nessa hora, eu peguei um palito e fui estourando as bexigas da Rosa. Eram bem coisas do circo, que eu via quando era pequena. Foi muito legal porque a Júlia era ultrateatral e, como fada, ela começou a transformar todos que estavam na festa e todo mundo entrou no teatro. Na próxima festa, ela já pediu a Branca de Neve. Aí, foi um aprumo. Fiz um cenário de fachadas de casas com rolinhos de jornal e pendurei nas árvores do quintal. Ficou o máximo. Tinha a casa da Branca, a casa da madrasta, a casinha dos anões. Botei papel celofane e umas florzinhas em uma caixa de panela e fiz um caixão para a princesa, a urna de vidro. No teatro, os anões choravam em volta. Foi um sucesso. Todo mundo que estava na festa participou. Eu tinha feito fantasia para a criançada, como continuei fazendo nas festas que animei profissionalmente. Fui buscar o *know-how* pra fazer as fantasias naquela experiência com as aulas de costura. Só que fazia com papel crepom e TNT.

Quando o Raul morreu, uma amiga nossa, fotógrafa, me pediu para animar a festa do filho. A princípio, eu neguei, pois não estava com cabeça para isso, mas acabei fazendo e foi muito bom. A partir daí, comecei a fazer animação profissionalmente. Uma pessoa que estava na festa pensou que eu fosse animadora profissional, achou a proposta superdiferente e me convidou para fazer uma festa. Daí em diante, eu enveredei por esse ramo com seriedade e a minha animação acabou sendo muito valorizada por pessoas legais, no meio de educadores e artistas. Eu fazia toda uma produção em cima do tema. Se fosse a Branca de Neve, por exemplo, fazia uma roupa mais transada para a Branca de Neve, para o príncipe e a madrasta, mas todo mundo que estivesse na festa teria uma roupa ou um adereço que poderia levar para casa. Tudo era feito por mim, e esse era o diferencial da festa. Aí entrava o meu ponto de vista como educadora. Os animadores de festa em moda na época cobravam fortunas, levavam bichos para fazer *show*, baú de fantasias, uma mais maravilhosa que a outra, que as crianças punham e depois devolviam. A gente que trabalha com criança sabe como isso é difícil, pois ela vive a personagem

"Eu fazia horta, cozinhava, ia até o lago, passeava pelas proximidades e ensinava um monte de coisas"

que representa. Era comum ver um pequenininho devolvendo a fantasia do rei em prantos. O fim da festa era uma choradeira. Então, um público mais *cult* começou a me chamar e perceber o valor que tinha uma capa de papel crepom com uma fita dourada que amarrava na criança para ela ser um figurante no teatro, o amigo do príncipe ou o soldado. Para a criança, aquela capa e aquela espadinha feita com jornal tinham muito mais valor que as tais fantasias sofisticadas, de veludo e cheias de botões, porque podia levar pra casa. As mães me falavam que eles guardavam aquilo por dias e dias. Além das fantasias, eu também fazia a maquiagem, que era uma coisa bem simples. Não era nada daquela coisa estratosférica de maquiador profissional, só pintava desenhos como se fossem tatuagens. Eu não fazia nenhuma *overdose*, nenhum *show*, fazia uma festa na qual eu ficava com as crianças, brincando.

    Uma vez, fiz uma festa na casa de um músico. O espaço era uma sala superpequena. Eu animei só com brincadeiras de salão, dessas que a gente faz na sala de aula. Eles pulavam, brincavam de estátua, inventei milhares de jogos de espelho. O cara adorou e eu cobrei metade do preço da festa, porque ele era muito duro. Lembro que naquele ano essa pessoa me indicou 24 festas. Foi uma coisa tão gratificante, tão impressionante que quando chegou o outro ano eu fiz questão de animar a festa da filha de novo, pelo mesmo esquema. Tinha muita propaganda boca a boca. Até fui procurada por uma jornalista para uma matéria a respeito de atividades que pudessem ser feitas com crianças em dias de chuva, para os pais fazerem em casa com os filhos durante as férias.

Continuei fazendo festas por muito tempo. Acho que a última festa que fiz foi há uns seis anos. Era de uma criança do EVC, que todas as irmãs já tinham feito comigo. Foi difícil ir reduzindo as festas até chegar a uma por semana, uma por mês, até esse ponto em que só animava festas de pessoas que já eram muito antigas, que já faziam festa comigo há muito tempo e por quem eu tinha muito carinho, tinha até uma amizade. Conforme ia diminuindo o ritmo na animação de festas, comecei o Clubinho.

Eu morava longe de Pinheiros, que era o bairro onde trabalhava e animava a grande maioria das festas. De tão cheio de materiais para a produção das fantasias e dos cenários, meu apartamento parecia um galpão de escola de samba. O transporte dessas coisas era difícil, uma vez que eu não dirigia; por isso, comecei a procurar um *point* em Pinheiros para poder deixar meus apetrechos das festas. Encontrei um ateliê de Artes, onde aluguei um pequeno espaço como depósito. Eu podia deixar as minhas coisas nesse quartinho e, além disso, uma vez por

"Eu fazia horta, cozinhava, ia até o lago, passeava pelas proximidades e ensinava um monte de coisas"

semana, tinha direito a usar o espaço todo do ateliê para fazer um clube de recreação, o Clubinho. Eu e minha assistente montávamos todos os cenários para as brincadeiras antes das crianças chegarem e depois desmontávamos e recolhíamos tudo de novo. Mais tarde, quando o Clubinho evoluiu e o número de crianças cresceu, eu aluguei uma sala maior e pude deixá-la montada com o jogo dramático. Tinha araras com fantasias e os brinquedos organizados em cenários. Quando chegava, era só abrir a porta e começar. Mudei o Clubinho de lugar algumas vezes até fazê-lo na minha casa, como é atualmente.

No Clubinho, sempre recebi crianças de 3 a 7 anos. Muitos alunos meus saíam do Maternal, mas continuavam comigo lá. Tinha muito acolhimento dos maiores em relação aos pequenos. Eu me lembro de um menino, o Pedro, que entrou no Clubinho com 3 anos de idade e saiu com 8. Ele e um grupo de crianças da mesma época me fizeram prometer que teríamos um reencontro uma vez por mês. Nós fizemos algumas vezes e fomos diminuindo para ajudá-los a se desvincularem. Eu montava tudo aqui em casa e eles amavam. Na última vez que eles vieram, já estavam no quinto ano. Combinamos e eu montei tudo, montei o toldo, montei as cabaninhas com vários ambientes, coloquei colchões no chão. Eles faziam uma brincadeira inventada por eles mesmos que se chamava "manos", em que faziam de conta que eram irmãos. Era muito interessante porque eles viviam a fantasia infantil do abandono. Os "manos" estavam perdidos na floresta e cada um tinha uma mala cheia de coisas. Nesse dia, eles brincaram de "manos", brincaram com lanterna, relembraram os tempos em que eram menores e fizeram tudo de novo. Na vida do Pedro, em especial, o Clubinho tinha sido muito marcante.

    O Pedro chegou pra gente no Maternal como sendo uma criança muito difícil. Ele chegou da escola em que estudava com o rótulo de menino agressivo, problemático etc. A gente viu que aquele esquema lúdico, de muita brincadeira, foi fazendo bem pra ele. No começo, ele chegou muito apavorado, mais chorava que outra coisa. Em dois meses, já estava ótimo. Quando o Pedro entrou no Clubinho, virou o maior entusiasta. Ao longo do tempo, ele foi se mostrando uma criança muito positiva e animada. Ele dava trabalho também, mas era um menino que nos mostrava o papel do professor ficar observando para fazer intervenções precisas. Eles nos dão os caminhos e a gente tem que seguir as pistas. Eu sabia que ele tinha tido uma experiência difícil na outra escola, mas ele nunca tinha falado sobre isso. Um dia, no segundo ano dele no Clubinho, as crianças estavam em uma atividade que tinham inventado de desenhar no chão com giz e carvão. Em certo momento eu propus:

"Eu fazia horta, cozinhava, ia até o lago, passeava pelas proximidades e ensinava um monte de coisas"

— Que tal se a gente fizer o seguinte? Como vocês estão muito grandinhos e já estão contando histórias muito bem, vamos contar histórias enquanto desenhamos.

O Pedro tinha feito uma flor e começou a me contar sobre as flores que viviam em um lugar... Parecia um orador da Idade Média, falando com voz impostada e aquele vocabulário surpreendente:

— Essas flores estavam aqui e essa era a flor mais bonita de todas, mas ela estava encoberta. Tinha muito musgo em cima dela e ela não conseguia sair. Aí, tiraram o musgo dela, mas quando ela pensava que podia respirar, os pés dela estavam colados, as raízes dela colaram naquele lugar e essa flor só podia gritar. Mas um dia, a mãe dela levou para outro jardim e outras flores falavam pra ela: "Venha! Venha pra cá!".

Ele continuou contando enquanto fazia um desenho cheio de flores:

— Como se fosse uma mágica, a flor se soltou, se juntou com aquelas outras flores e ficou muito feliz. Aí, ela já sabia fazer um monte de coisas, ela já não estava mais presa e não gritava mais.

Mais tarde, escrevi tudo da melhor forma como pude me lembrar e mostrei para a mãe dele. Ela ficou emocionada e me disse que ele tinha narrado a história da vida dele. Ele era aquela flor. Para mim ele foi um exemplo de como a brincadeira funciona.

O Pedro teve outra história marcante. Os pais de uma das meninas do Clubinho se separaram e ela chorava muito. Só queria brincar de ser um cachorro e ficar dentro de uma caixa ou enrolada em uma rede. Um dia, ela estava desse jeito e eu não conseguia tirá-la da rede de maneira nenhuma. O Pedro foi lá, do alto dos seus 7 anos, abriu a rede e falou:

— Onde é que está aquela Tina que brinca comigo de "mano"? Onde é que está aquela Tina que desenha tudo pra mim? Aquela que eu penso as coisas pra falar pra Ciba, ela vai lá e desenha?

Foi emocionante, pois ele conseguiu tirá-la da rede e ela começou a falar o que estava se passando:

— Mas agora, Pedro, meus pais vão se separar. E a minha casa... eu não vou ter mais casa. Vou ficar sem lar.

Ele respondeu:

— Tina, se você quer saber, eu também não estou mais morando na minha casa, eu também estou morando numa casa de aluguel.

Na verdade, a história dele era completamente diferente, porque a casa dele estava em reforma, mas ele se identificou dessa forma. Foi a maneira que encontrou para se expressar. Era como se ele estivesse dizendo:

— Olha, você não é a única a mudar de casa.

O Clubinho favorece essas relações e eles se ajudavam muito. O assunto sai e aí eu posso trabalhar

> "Eu fazia horta, cozinhava, ia até o lago, passeava pelas proximidades e ensinava um monte de coisas"

muito com aquilo também. Aproveito as situações para conversar e fazer minhas intervenções. No outro dia, eu já monto esquemas com piquenique, com casinha de cachorro de novo, para ver como a coisa acontecia.

Como eu contei, normalmente nós terminamos as atividades do Clubinho com um teatro, mas teve uma época em que era a dança. A Nina, minha auxiliar na época, era muito engraçada. Ela não sabia dançar dança do ventre, mas fez artes cênicas, era uma atriz. Nós púnhamos um *CD* de dança do ventre, ela amarrava os lenços e começava a dançar com as crianças. O Pedro chamava de "dança do vento". As meninas botavam os lenços na cintura, os biquínis e gostavam muito. O Pedro botava uma roupa do Aladim e ele era o tocador, como se autointitulava. Ele pegava um bumbo ou um instrumento qualquer e ficava tocando. A gente se divertia e morria de rir. Nessa época, tínhamos uma atividade de ir visitar a casa de quem morasse perto e se dispusesse a receber o Clubinho por uma tarde. Quando fomos visitar a casa do Pedro, teve que ter "dança do vento" por insistência dele. Fizemos até convite com desenhos das crianças. Os avós adoraram. A avó até chorou. Enfim, o Clubinho era basicamente isso, um espaço de brincadeira. Depois, as atividades começaram a ficar mais puxadas na minha vida e comecei a diminuir a quantidade de dias por semana.

4

"Escreve aí que minha mãe é uma professora, uma mulher valorosa e altiva!"

Eu comecei a namorar cedo, mas eram namorinhos diferentes dos jovens de hoje. Ninguém dormia junto, nem fazia sexo. Namorados eram amigos que se beijavam. Os namoros eram uma companhia, mas não eram aquele grude de ter um namorado só meu que faz tudo junto comigo. Eram como um treino para os namoros mais sérios, que começaram na época da faculdade.

Cidade de interior tinha aquela história das boas famílias, as famílias tradicionais, essa ficção que só existe nos comerciais de margarina. Minha família, já naquela época de Prudente, tinha de tudo. Absolutamente tudo, mas tinha aquela postura de colocar panos quentes. Dizia-se que roupa suja se lava em casa. Já na juventude, tive uma irmã que fugiu pra casar com um desquitado.

Foi um baita de um escândalo na minha casa. Meu pai queria mentir para todo mundo. Depois, tinha um dos meus irmãos que puxava fumo. Um dia o delegado deu uma *blitz* nos maconheiros da cidade, entre os quais o meu irmão, e ele foi preso. Ele estava simplesmente puxando fumo, mas maconha tinha uma conotação gravíssima em Presidente Prudente. Ninguém da família sabia que ele puxava fumo, então, foi um escândalo. Aquilo era um tabu, ficava muito restrito às casas. Fora, todo mundo devia comentar, mas ninguém tocava no assunto com a gente. Nós continuávamos amigas das menininhas da *society*, interagindo como se nada tivesse acontecido. Quando entrei na faculdade, foi uma época decisiva, de mudança de valores, porque os valores tradicionais e conservadores que eram tão fortes no interior caíram por terra. Estudando História comecei a entender melhor o funcionamento da sociedade e aquela mentalidade provinciana foi por terra com os demais tabus, inclusive sexuais.

Nesse período de amadurecimento, namorei um cara que era das Ciências Sociais, chamado Paulo. Ele me marcou sobretudo porque não era um namoro nos esquemas vigentes da época, era mais semelhante ao ficar de hoje. Ou seja, era eu e mais algumas namoradas. Não que eu fosse tão progressista assim, é que eu queria aquele namorado. Também não tinha nenhum acordo que me

> "Escreve aí que minha mãe é uma professora, uma mulher valorosa e altiva!"

impossibilitasse de ter outros namorados. Só que na hora que eu arrumei outro, ele resolveu me namorar mesmo, com exclusividade. O mundo gira e a lusitana roda. Machismo é sempre igual. Enfim, fiquei naquela história com o Paulo até eu sair de Prudente e depois mantivemos contato como amigos. Foi o único namorado de quem eu fiquei amiga depois que acabou. Quando vim para São Paulo, estudando na Escola de Sociologia e Política, também tive um monte de namorados até que, numas férias que passei em Prudente, reencontrei o Raul.

Eu já conhecia o Raul, só que o achava muito moleque. Ele tinha a minha idade. Eu é que era metida. Achava ele e seus amigos escoteiros uns babacas, com aquelas roupas, indo pra lá e pra cá de bicicleta fazer as coisas de escotismo. Já aquelas menininhas idiotas, entre as quais eu me incluía, iam para o baile com cigarro na mão, só para parecer que fumavam. Eu achava todos eles uns molequinhos e queria namorar os caras mais velhos. Quando o Raul ia aos bailes, eu o achava muito metido, porque ele não dançava. Ficava lá no bar, conversando com os outros caras, então, eu achava ele um chato e o conhecia pouco. Ele era muito bonito, uma coisa marcante assim, não só para mim, mas todo mundo achava. Era um cara muito lindo. Chamava muita atenção em qualquer espaço que ele chegasse. Além de ser fisicamente bonito, era uma pessoa carismática.

De repente, o Raul sumiu. Ele tinha por volta de uns 16 anos e sumiu do mapa por um período. Depois eu vim saber que ele tinha ido estudar fora de Prudente. Como ele queria ser piloto, entrou numa escola da Aeronáutica. A coisa que o Raul tinha mais paixão na vida era por avião. Desde a mais tenra idade, ele conhecia todos os tipos de avião possíveis e imaginários, sabia todos os tipos que tinham sido usados em cada guerra, enfim, era bem chegado no tema. Baseando-se nisso, foi pra escola de Aeronáutica achando que ia ser piloto. Segundo o que fiquei sabendo depois, ele pastou nessa escola, odiou. Afinal, era um colégio militar na época da ditadura. Nesse período, o Raul vinha pra Prudente de vez em quando e eu o via usando farda. Era uma farda diferenciada, porque era da Aeronáutica, não era farda de polícia. Até que era um casaco bonito, mas eu falava:

— Que nojo, esse cara virou milico!

Depois, fiquei um bom tempo sem vê-lo. Eu devia ter uns 21 anos e já morava em São Paulo quando nos reencontramos. Estava em uma festa de casamento em Prudente e vi o Raul. Careca, ele tinha entrado na Poli. Nós ficamos conversando e bebendo. Eu pesava 40 quilos, só que, metida, quis acompanhá-lo na bebida. Acho que no segundo uísque eu já estava desmaiada. Tomei um fogo que foi a vergonha do casamento. Vomitei, tive que dormir na casa da noiva, foi um vexame, uma coisa horrorosa. Morri de vergonha ao acordar no dia seguinte. Eu nem vi mais o Raul. Ele foi embora e eu nem fiquei sabendo onde ele morava, porque estava bêbada. Ia lá lembrar de alguma coisa? Algum tempo depois, voltei para Prudente e fui a uma festa na casa de um casal de amigos. Era o casal mais de esquerda que existia em Presidente Prudente. Como encontrei o Raul na festa desses caras, pensei: "Nossa, ele deve ter mudado!". Tinha mesmo. Conversamos e ele me contou sua trajetória até ali. Falou sobre a desilusão que teve com o colégio militar e com a faculdade e sobre a dificuldade de abandonar o curso em função da pressão feita pela família. Naquele momento, conforme fiquei sabendo mais tarde, ele estava voltando para a Poli, depois de ter parado o curso por seis meses em função de uma crise de depressão.

Em São Paulo, eu morava com uma amiga, mas queria sair de lá. Ela era muito envolvida com as tretas políticas da época. Eu gostava muito dela e também tinha minha ideologia, mas não queria ter participação política nesse nível. Cada dia era um amigo da gente sendo preso, torturado, morto. Então, eu comentei com o Raul que estava querendo sair de onde eu morava e ele conseguiu um lugar pra mim na casa de uma amiga que era da Física. Com ela, moravam umas patricinhas do interior.

Era um apartamento lá na rua Caio Prado, um *point* de físicos e matemáticos. O Raul, que já era superamigo do pessoal da Física, ficou mais ainda. Começou a ir à minha casa todo dia. Assim, depois da tal festa de Prudente, a gente começou a ficar superamigo. Tão amigos que eu pensava: "Nunca vou namorar esse cara".

Começamos a namorar num belo dia, numa festa, não me lembro exatamente como. Lembro que tinha aparecido uma ex-namorada dele nessa festa e ele foi conversar com essa menina, aí, eu também fui procurar minha turma. Ele foi conversar, depois eu soube, porque tinha saído de um jeito muito cretino da vida dela. Era uma menina legal e ele tinha terminado com ela de uma forma ruim — fato que tinha muito a ver com as histórias da depressão. Pouco tempo depois, o Raul teve a primeira crise de depressão, já namorando comigo. Para mim aquilo foi uma coisa muito assustadora. Uma pessoa extremamente alegre, legal, inteligente e talentosa, da noite para o dia ficou prostrada, não queria mais ver ninguém. Se desligou de tudo, largou a faculdade mais uma vez. Ele não tinha psicose maníaco-depressiva, não era esquizofrênico, não era nada disso. Ficou uma pessoa absolutamente triste, sem ânimo pra vida, para nada e nessa hora ele rechaçava tudo, até a relação dele comigo. Eu pensava: "Não posso abandonar esse cara". Eu passava a maior parte do tempo com ele na casa da mãe.

> "Escreve aí que minha mãe é uma professora, uma mulher valorosa e altiva!"

Segundo o próprio médico que o atendia, eu era um modelo positivo, era uma pessoa que dava limite, que fazia bem para ele. Nessa ocasião, nasceu o bebê de uma amiga e eu também ia muito à casa dela ajudá-la. Às vezes, o Raul ia junto. Nesse ínterim, a depressão dele foi melhorando, melhorando... Fez um pouco de terapia e melhorou muito. Na minha ignorância da época e da juventude, eu achei que ele tinha sarado, todo mundo achou. Quando voltei, o apartamento da Caio Prado começou a ficar meio impraticável. Dividia o quarto com um monte de gente, umas patricinhas de um lado e, do outro, uma modelo louca, que estava entrando numas coisas meio barra pesada. O Raul, novamente, encontrou um lugar legal para mim. Uns amigos da Poli estavam montando um apartamento em Pinheiros. Morei lá por muito tempo. O Raul ainda morava com a mãe dele, mas praticamente vivia lá. Ele virou parte da população flutuante da casa.

Um dos caras que moravam ali, o Ferrão, que era engenheiro, comprou uma máquina fotográfica legal e começou a fotografar e a ensinar o Raul. Os dois montaram um pequeno laboratório de fotografia no quartinho de empregada do apartamento. O Ferrão seguiu carreira de engenheiro e o Raul, por sua vez, virou fotógrafo. Até tirou primeiro lugar em um concurso de fotografia promovido pelo *Jornal da Tarde*, com a fotografia da fachada de um clube chamado Éden Liberdade Clube.

Nessa fase, ele e o Ferrão começaram a montar o Defobi na Poli, que era o Departamento de Fotografia do Biênio. Logo, o Defobi foi aumentando numa proporção que ninguém esperava, recebendo patrocínio de empresas grandes. Eu me lembro do dia em que acompanhei o Raul num encontro com os representantes da Fuji. Até que resolvi me mudar. Não aguentava mais aquilo. Era cigarro, muita gente, muita coisa acontecendo.

Eu e a Magali, uma amiga que dividia o quarto comigo, decidimos nos mudar juntas para um apartamento com três quartos que era de uma amiga e cabia no nosso bolso. O Raul ficou num impasse se ia ou não conosco. Acho que ele não queria casar, não queria que virássemos um casal. Eu falei:

— Olha, eu vou, a Maga vai, você decide.

Não demorou nem um dia, o Raul foi morar com a gente. Comigo, na verdade. Como tinha mais um quarto, virou um laboratório decente para ele. Com o tempo, a Maga foi se afastando. Ela tinha o quarto dela, mas praticamente não morava ali, porque ficava muito com o namorado. Foi uma coisa chata, porque nós decidimos morar com outra pessoa justamente para não sermos só os dois morando juntos, para não ter conotação de casamento. Queríamos que a casa tivesse mais gente, fosse mais animada. Até que a Maga se mudou de vez e eu e o Raul ficamos morando sozinhos. Pouco depois, outra amiga da gente que tinha que fazer um curso também morou conosco por seis meses, mas aí a gente viu que não queria morar com mais ninguém. Dessa época em diante, ficou estabelecido o nosso casamento. Nunca chegamos a casar no civil.

Quando eu entrei no EVC, por volta de 1977, o Raul teve uma crise monumental. Ele estava bem profissionalmente, dando aula de Fotografia no Instituto de Arte e Decoração, mas precisou tirar licença e se afastar. Procuramos uma psicóloga e, aos poucos, ele foi melhorando, até que eu achei definitivamente que ele tinha se curado. Por indicação da psicóloga, ele começou a fazer algumas coisas na área de Artes, paralelamente à Fotografia, e também se dedicar à pesquisa nessa área. Nossa vida ficou normal, assim como de todo casal. Ele voltou a trabalhar, mas quando entrou na Faculdade de Arquitetura da USP teve uma recaída. Posteriormente, eu percebi que tudo aquilo tinha a ver com mudança. As mudanças, ainda que fossem boas, muitas vezes o assustavam. Essa crise ainda coincidiu com uma mudança de casa. A gente saiu do apartamento e foi morar em uma casa em Pinheiros. Na época, eu lembro que achei estranho. O Raul ficou supermal porque mudou do apartamento, reclamou do barulho da casa e já queria se mudar novamente no dia seguinte. Falei:

— Eu vou ficar!

Era desse tipo de limite que aquele primeiro psiquiatra tinha falado. No final, dei uma solução super-simples:

—Vamos para o quarto do meio.

Mudamos o nosso quarto, que ficava de frente para a rua, para outro mais silencioso e tudo se acertou. A vida era superboa, não tínhamos muita grana, mas vivíamos bem. Os amigos eram todos muito parecidos, todo mundo morava na região, todo mundo se visitava e os amigos já estavam começando a ter filhos. Tive minha filha depois de todo mundo.

A gravidez foi tranquila, mas eu achava que minha barriga tinha ficado pequena. O médico me assegurava que estava normal, mas eu sentia que até um momento tinha ido tudo bem e que depois algo tinha parado. Um dia, o Raul foi levar o cachorro no veterinário e eu comecei a ter umas dores esquisitas e liguei para o médico. Ele perguntou se eram cólicas iguais às menstruais. Eu nunca tinha tido cólica de menstruação, não sabia avaliar, mas falei que era uma dor muito forte e bem compassada. Ele me pediu para contar no relógio de quanto em quanto tempo acontecia e foi assim que vimos que eram mesmo contrações. Me mandou ir para lá na hora. Peguei um táxi e fui para o médico sozinha. Sem celular, naquela época, era tudo mais difícil. No consultório,

"Escreve aí que minha mãe é uma professora, uma mulher valorosa e altiva!"

o médico me examinou e avaliou que não era o momento de nascer, por isso eu devia ficar em repouso absoluto. Insisti para fazer um ultrassom. Os consultórios não tinham esses recursos. Ultrassom custava caríssimo e era só nos laboratórios de ponta. O médico achou que não, falou que não valia a pena se locomover, pois esses movimentos corporais podiam acelerar o parto. Disse que estava tudo bem, para eu ficar em repouso absoluto que nada aconteceria. Não sei bem como, milagrosamente, acharam o Raul. Ele foi para o consultório e me levou para casa.

Entrei em licença e fiquei em repouso absoluto. Não podia sair do quarto, tomava banho e fazia tudo na cama. Alguns dias antes da data prevista, a Júlia nasceu. No hospital, eu e o Raul achamos aquilo muito esquisito. A gente via as outras grávidas enormes e eu carregando a minha mala toda serelepe. Fiquei 16 horas em trabalho de parto. Aquelas dores, um terror. Mas eu aguentava, motivada pela ideia de ter o parto normal, que era ótimo. Depois de muito sofrimento, quando tive a dilatação suficiente, o médico olhou e constatou:

– É muito pequena.

Era exatamente o que eu tinha falado! Fizemos uma cesárea. Para mim, foi uma frustração, depois de tantas horas em trabalho de parto. Meu medo era de que o bebê não aguentasse. No meio daquele nervosismo, me deram anestesia. O anestesista era um chato, eu comecei a passar mal; para oxigenar o meu sangue ele subiu a minha pressão. Foi um horror. Aí, a Júlia nasceu e ela não era de fato prematura de tempo, era prematura de peso. Era subnutrida, intrauterina, eu estava certa. A placenta tinha parado de se desenvolver e do sétimo mês em diante ela foi mal alimentada; por isso, que a minha barriga crescia pouco. Então, o nascimento foi um baita susto. Não sabíamos o que fazer porque os médicos falavam que as primeiras 72 horas seriam definitivas. Tínhamos que esperar. O Raul, ali comigo, perguntou:

– Ciba, o que eu faço? Aviso as pessoas?

– Óbvio! Aconteça o que acontecer, a criança nasceu, está aqui!

A Júlia ficou muito bem ali na Isolette, que era aquela incubadora de crianças prematuras. Enquanto ela estava internada, o médico me mandou seguir uma rotina como se eu tivesse um bebê recém-nascido. Aí, eu ficava com aquela bomba de leite a noite inteira, de três em três horas. Tive leite normalmente. Contrariando todas as previsões, a Júlia ficou só uma semana internada. A médica, uma pediatra de formação bem psicanalítica, foi muito corajosa. Falou que ela estava desafiando as regras da Organização Mundial da Saúde, porque o bebê não podia sair do hospital antes de 1,5 kg. A Júlia saiu. A médica achava que a separação entre a mãe e o bebê não

> "Escreve aí que minha mãe é uma professora, uma mulher valorosa e altiva!"

era boa pra nenhum dos dois, por isso, como a Júlia já tinha condições físicas, fomos para casa. Montamos uma miniUTI na minha casa. Meu quarto era grande e tinha tudo: carrinho, banheira, balança. Eu não podia sair do quarto nem um minuto devido aos riscos da contaminação. Só ficava lá dentro. Eu e o Raul nos revezávamos para eu poder tomar banho e fazer as coisas mais básicas. Recebíamos um monte de visitas, mas ninguém podia ver a criança. Minha mãe estava achando tudo aquilo um absurdo. De vez em quando, eu descia um pouquinho, mas se tivesse gente, aí, que eu não podia ir. Era o Raul quem recebia as visitas.

Essa fase foi mais uma batalha, porque tinha que dar de mamar de duas em duas horas, mas bebê prematuro não acorda. Demorava quarenta minutos para acordar, mamava e já estava na hora de começar a acordar para mamar de novo. Demorava um tempão para mamar, então até você acordar, já tinham passado as tais das duas horas. Eu não dormia, era um zumbi. A cada mamada, sem exceção, tinha que pesar, fosse à noite ou de dia. Não podia emagrecer nem um grama. E a Júlia não emagreceu, só engordou. Assim que mamava, antes de fazer cocô, a gente ia lá, pesava e marcava no caderno. Quando ela atingiu um quilo e meio eu já fiquei mais liberada para ir lá embaixo, almoçar. Só que eu continuava não dormindo. Um dia comecei a delirar. O Raul precisava sair para comprar algo e, como voltaria rápido, concordei em dormir desde que ele me acordasse quando chegasse. Minha mãe estava lá e ficaria de olho na Júlia. Assim que ele saiu, fui conversar com a minha mãe e comecei a falar coisas sem nexo. Estava em estado de torpor. Ao chegar da rua e me encontrar dormindo, o Raul foi me acordar conforme o combinado. Minha mãe, que tinha ficado assustada, falou:

– Negativo, você não vai acordar mesmo, não vai acordar nem a mãe, nem a filha.

Ela deixou de lado a tal história do prematuro não poder dormir muito e continuou:

– Não, não vai chamar ninguém. Essa menina não vai morrer. Se ela acordar, nós damos um jeito. Se for o caso, a gente bota pra mamar na outra dormindo!

Eu dormi várias horas consecutivas. Foi o sono mais reconfortador da minha vida. Quando contamos para a médica, ela riu:

– Você está certa, tinha que dormir mesmo. Vamos mudar o esquema.

A partir desse dia, a mamada passou a ser de três em três horas.

Enfim, a Júlia se deu superbem. Não teve problemas respiratórios, o que normalmente acontece com prematuros. Ela teve uma hipotonia e mais uns problemas motores. Demorou mais para andar. Consultei um

> "Escreve aí que minha mãe é uma professora, uma mulher valorosa e altiva!"

neurologista que atestou que ela não tinha nada, só precisava trabalhar a musculatura. Lá fui eu para a fisioterapia. Era uma fisioterapia que trabalhava com a mãe. No fim da história, tudo sobra para mim. Tive que cumprir a função de educadora e médica. Fui aprender tudo com a fisioterapeuta para fazer com a Júlia. A fisioterapeuta me ensinava os exercícios e lá ia eu novamente fazer com a Júlia: 45 minutos de manhã, 45 minutos na hora do almoço, 45 minutos de tarde e mais 45 minutos não sei quando. Eu ficava pensando aonde ia achar todos aqueles 45 minutos em meio a tantas outras coisas que bebê tem que fazer, como tomar sol e tudo o mais. E eu tinha que dar aulas! Afinal, depois dos quatro meses de licença eu voltei para a vida. Voltei para o EVC, arrumei uma empregada superboa e tudo se encaminhou. A tal da fisioterapia durou alguns anos. Em certo momento, preferi levar a Júlia ao consultório para ser atendida por um profissional. Mesmo assim, continuei com minhas lições de casa. Tive que estudar bastante sobre essas questões e ainda enfrentar o desafio de conciliar tudo isso com o trabalho na escola para ter condições de sustentar toda a estrutura.

Coloquei a Júlia na escola com 2 anos. Foi difícil encontrar uma escola que me agradasse até a hora de ir para o EVC. Foi bem legal quando ela foi para lá comigo, porque já morávamos bem pertinho, na rua de baixo. Era uma situação muito confortável. Ficávamos meio período em casa, as duas juntas, e meio período na escola. Quando a Júlia tinha 6 anos, o Raul morreu. Foi uma coisa muito pesada na nossa vida, muito inesperada e virou tudo de cabeça pra baixo. Eu e a Júlia ficamos sozinhas. Tive que começar a viver da noite para o dia com o meu salário de professora. Só o aluguel da casa já era o valor do meu salário. Sozinha, eu não conseguiria sustentar aquela casa, mas, principalmente, eu não queria mais morar lá. Afinal, o Raul tinha morrido quando morávamos nela. Aluguei um pequeno apartamento até conseguir comprar outro, dessa vez, num bairro distante. Se a minha vida estava difícil, muito mais difícil ficou, porque eu não dirijo. Era longe de tudo. E eu me virei. Eu ganhava – e ganho – de pensão do Raul um salário mínimo. Quando o livro de fotos dele foi lançado, eu e a Júlia tivemos participação em coautoria e, algumas vezes, vendemos algumas fotografias. A animação de festas, no fim, foi o que me salvou.

    Conto de fadas não existe na vida real e, como eu já tinha passado por muitas fases diferentes na minha vida, a da morte do Raul foi outra. Foi numa época em que ele estava bem profissionalmente, vivendo só de fotografia. Ele se matou, assim, no período em que estavam acontecendo mais coisas na vida dele. Ele teve uma crise depressiva muito forte, e a gente também viveu uma

"Escreve aí que minha mãe é uma professora, uma mulher valorosa e altiva!"

crise no casamento. Eu fui para a terapia e a análise me ajudou muito. O Raul relutou bastante, mas acabou consentindo em fazer terapia. Ele estava bem assistido por um psicólogo e um psiquiatra, mas demorou bastante tempo para resolverem entrar com uma medicação. Sem entrar em detalhes, posso dizer que ele estava numa fase muito complicada, equivocado em relação à vida dele, ao que queria. Ele achou que precisava ficar um tempo sozinho e eu também achei que era muito mais saudável para mim e para a Júlia, porque as atitudes que ele estava tendo em casa já não eram mais compatíveis com atitudes que eu conhecia de uma pessoa normal. Ao mesmo tempo, a gente conhecia aquele lado muito legal dele, de ser muito companheiro e bom pai. Era complicado. Aí, ele se mudou por um tempo, mas acabou voltando para casa.

Essa crise foi bem extrema. Consultei o psiquiatra e ele falou que o Raul precisaria ser internado. E era algo assim, quando o Raul estava sozinho, era como se fosse uma criança de 7 anos, mas socialmente ele se mostrava ótimo, excelente, falava sobre tudo. Aí estava a complicação. As pessoas não tinham a dimensão do que de fato estava acontecendo. O Raul foi internado e foi nessa clínica que ele se matou. Era uma clínica muito respeitada. Foi uma coisa muito pesada e muito complicada, porque tanto eu como meu cunhado achamos que ele estava muito estranho, muito agressivo no dia da internação. Falei com o psiquiatra sobre o meu medo dele se matar, mas ele me tranquilizou. Disse que achava que era mais uma tentativa de chamar atenção e falou que não devia ficar um acompanhante dessa vez. Pelo menos, eu não deveria. Eu estava conversando com o psiquiatra quando ele se matou. Foi uma coisa horrível. Ele se enforcou na cortina, que foi a única coisa que oferecia perigo no quarto. Eu não quis ver essa cena, mas, segundo o que me informaram, foi mais uma tentativa para chamar atenção, sem a intenção de morrer. Ele não se pendurou. Ele era alto e foi se abaixando. Então, os médicos acharam, na época, que tinha sido um acidente de percurso.

Até esse momento eu estava segurando todas as pontas sozinha e achava que era eu mesma quem devia. Afinal, era casada com ele. As coisas sempre tinham ficado na minha mão, mas eu nem percebi, porque sempre dei conta do recado sozinha mesmo. Só quando ele saiu de casa, naquela crise mais séria que tivemos, que eu falei para a família dele:

— Olha, vou jogar a toalha, vocês se viram. Ele vai pra casa de vocês.

A mãe dele até se ofereceu para sair de Prudente e vir ficar com ele, mas ele não quis. Ele tinha muitas diferenças com relação a ela. Era uma relação complicada. Até aí eu fui muito acolhida por eles, muito valorizada, mas só enquanto tudo estava dando certo. No momento em que o Raul morreu, eles começaram a me culpar. Até ali, era "Cibele maravilhosa" para lá e para cá. Na minha leitura, o que eles fizeram foi adotar uma postura de não querer ver a verdade, de não querer enxergar. Na verdade, isso é fruto do preconceito de assumir o suicídio perante a sociedade. Como um homem tão brilhante, tão lindo e maravilhoso ia se suicidar? Tinha que ter uma bruxa por trás. Aí, eu subi nas tamancas. Falei que tinha ralado e todo mundo sabia como. Muito mais do que contei aqui, porque essa história teve muitos episódios que eu preferi omitir. O Raul já tinha tentado suicídio algumas vezes. Uma vez ele abriu o gás e poderia ter explodido a casa. Chama ambulância, pega o salário para pagar a ambulância e tal. Eu fiquei muito furiosa e falei que aquilo eu não aceitava.

Então, eu, que tinha uma vida estável de professora, de repente, entrei no meio desse redemoinho. Tudo aquilo acontecendo na minha vida, coisas que eu não entendia direito, coisas que eu nem imaginava. Aí, pude compreender melhor a situação do Raul e vi como isso era deformador na personalidade de alguém. No dia do enterro, na hora em que a gente estava enterrando o Raul, a tia dele falava descontrolada:

– Por que você fez isso?

Eu falei:

— Olha, ele fez isso porque foi a forma como ele encontrou. Se ele tivesse morrido de câncer, estaria todo mundo chorando, sentindo muito e entendendo. Uma doença mental é tão grave quanto um câncer, só que ninguém quer aceitar.

Parecia que tinha que ter um motivo, um culpado. Tinha que ter uma dívida, alguma amante ou um problema sexual. Também havia muita incompreensão fora da família, mas aí já era algo esperado. Enquanto vivi todo esse processo, eu não falei para ninguém, só conversava com os amigos e as pessoas mais íntimas. A nossa expectativa era de que ele superasse, como sempre tinha feito, por isso, eu não queria ficar estigmatizando o Raul. As pessoas de fora, que não eram do circuito mais íntimo, não sabiam mesmo; então, ninguém entendia como uma pessoa legal, que estava tão bem, tinha feito aquilo.

O mais difícil foi saber como lidar com a Júlia. Eu tive ajuda principalmente do meu analista e também coloquei a Júlia em uma psicoterapia. Meu analista me orientou a contar. Falou que como todo mundo sabia que o Raul tinha se matado, e como nós dois éramos muito conhecidos e queridos no meio que a gente frequentava, ele na fotografia e eu no meio da educação, então as pessoas se compadeciam e tinha muito comentário, tinha muito ti-ti-ti. A Júlia poderia ficar sabendo

"Escreve aí que minha mãe é uma professora, uma mulher valorosa e altiva!"

de uma maneira mais complicada. Poderia saber por algum amiguinho. Sabe essas coisas de criança ao escutar uma conversa? Então eu deveria contar porque eu era a mãe e seria melhor se ela soubesse por alguém em quem tinha confiança. Contei para a Júlia e quando a minha sogra e a minha cunhada, depois de alguns meses, quiseram se reaproximar dela, essa questão da verdade foi um problema. Minha cunhada dizia que a mãe não sabia como havia sido a morte e que, se o assunto surgisse, não se falaria a verdade. Eu disse que não ia admitir que mentissem para a Júlia. Falei:

— A sua mãe sabe que o Raul se matou, porque o Raul tentou se matar milhares de vezes. Então, quando ele conseguiu de fato, por que ela não quer assumir isso? É claro que ela sabe. E se não souber, vai ser contado, porque a Júlia tem 6 anos de idade e foi capaz de, pelo menos, absorver essa informação. Como é que uma pessoa com 66 não vai conseguir?

Eu estava fazendo das tripas coração para aguentar aquela situação, para segurar um monte de especialistas e fazer tudo de acordo com as orientações. Não queria que a Júlia ficasse dividida, confusa. Eu ainda disse que não tinha motivos para ela não ir encontrar a avó, pois a menina não falava sobre o assunto. O importante era ela saber, mas ela não falava sobre isso, até porque era uma coisa muito difícil de digerir e concretizar. Enfim, por serem pessoas muito preconceituosas e não aceitarem o suicídio, elas preferiram se afastar da Júlia. Priorizaram a mentira. Eu fui verdadeira e fiz isso em prol da saúde mental da Júlia, porque já era uma coisa bem complicada para ela. Se eu, adulta, não entendia, imagina ela, uma filha com aquela relação com o pai! É claro que eu não cheguei dando detalhes, mas conversei de uma maneira que colocou a questão. E as crianças, na sabedoria delas, sacam muita coisa. A Júlia sabia que algo normal não era, então, ela tinha o direito de saber o que tinha acontecido.

Começou aí uma nova fase na minha vida, muito difícil. Nossa! E a Júlia teve todas aquelas doenças da infância, catapora... Nos mudamos para um apartamento longe de Pinheiros e o transporte coletivo para lá era muito ruim, a infraestrutura era muito precária. Tinha só uma drogaria. Me lembro de um dia quando a Júlia estava com febre, fui comprar remédio e os caras da farmácia não venderam porque estavam fazendo balanço. Eu estava acostumada com um bairro em que ia à casa do farmacêutico quando precisava. Outra vez, ela teve uma infecção renal e os médicos falaram pra ficar em casa. Eu não tinha dinheiro nem pra pegar um táxi e tive que arrumar uma *baby-sitter* pra ficar em casa, pois não podia tirar licença. E o EVC sempre foi muito acolhedor, mas eu sentia uma cobrança mesmo da instituição como com qualquer uma outra pessoa.

> "Escreve aí que minha mãe é uma professora, uma mulher valorosa e altiva!"

Afinal, é uma empresa. Acho que também tinha um lado de querer me botar na vida, não me deixar estagnar na tristeza. Essa foi a época mais difícil da minha vida. Eu e a Júlia ficamos muito sozinhas quando nos mudamos. A gente tinha uma linha telefônica e não conseguiu transferir. Ficamos meio incomunicáveis. Com o passar do tempo, a situação ficou bem mais palatável, ficou até legal. Com o advento das festas e, mais tarde, do Clubinho, já estava numa situação financeira melhor, então não era mais aquele horror. A cada fase da vida da Júlia que entrava, lá vinha a história do pai de novo. À medida que foi crescendo, ela transferia tudo para uma imagem idealizada do pai. Ela achava que se o Raul fosse vivo a vida dela ia ser outra. Foi muito difícil para mim, mas depois ela também superou. Fez faculdade e se deu muito bem com jornalismo. Enfim, fomos vivendo juntas.

Os relacionamentos afetivos se tornaram muito difíceis, porque eu aprendi com a vida a veracidade daquele ditado: "O primeiro casamento é o trabalho". Eu sempre me dediquei muito ao trabalho, nunca deixei de trabalhar e de fazer as coisas que queria profissionalmente porque havia me casado. Mas, como a função de provedor da casa estava sendo ocupada pelo Raul, eu podia ter um trabalho mais *light*. Após a morte dele, foi a única época da minha vida que vi que não conseguiria me sustentar, a mim e a uma criança. Aí, eu assumi com unhas e dentes essa tarefa. Foi quando aconteceu toda aquela evolução das animações de festa e eu passei a viver uma vida em função do meu trabalho. Comecei naquele ritmo frenético de trabalhar. Fora isso, quando me mudei para longe, fiquei muito distanciada das pessoas com as quais eu mais me relacionava. Ficou muito complicado pensar em morar com alguém de novo enquanto eu não tivesse isso resolvido. Depois que esse aspecto se resolveu, o tempo já tinha passado e as coisas ficaram por aí mesmo. Por outro lado, eu não abandonei a minha vida. Depois que passou essa fase mais difícil, o lazer e os amigos voltaram a existir.

Um fato marcante desse processo aconteceu quando a Júlia era muito pequena, devia ter, no máximo, 9 anos. Foi na época do plano Collor, quando virou tudo de pernas para o ar, os bancos tirando o crédito de todo mundo e eu tinha que renovar o cadastro para o cheque especial. Eu fui fazer esse cadastro no banco e a Júlia estava junto. Para todo canto que eu ia, ela ia junto. O cara:

— Bens?

— Casa própria.

— Tem?

— É um apartamento hipotecado.

— Mas você não tem mais nada? Carro?

— Eu não dirijo. Pra que vou ter carro?

Enfim, o rapaz queria me provar "por A + B"

que não tinha nada que confirmasse minha situação para poder renovar o cheque especial. Naquela época, eu precisava muito. Eu não conseguia imaginar como seria o mês seguinte. Fiquei muito indignada e falei que não ia aceitar aquilo de jeito nenhum, que o banco sabia da minha trajetória financeira, que eu nunca tinha dado nenhum prejuízo, que eles me ligavam para saber se eu estava sendo bem tratada na época em que o Raul tinha a conta do estúdio lá, mas ele continuava irredutível:

— É, mas a senhora não tem mais nada.

A Júlia, que estava ouvindo tudo, levantou com o dedo em riste e falou para o sujeito:

— Põe aí que ela é uma professora!

Ela se encheu de orgulho pra falar a palavra professora, colocou a mesma ênfase que se usaria para falar que alguém era o Presidente da República. O cara ali olhando. Ela continuou:

— Escreve aí! Você está falando que a minha mãe não tem nada? Escreve aí que ela é uma professora e que ela conta história muito bem! A minha mãe é uma mulher valorosa e altiva!

Depois dessa dura, o cara renovou o meu cheque. Diminuiu, mas renovou. Quando aquilo acabou eu perguntei:

— Ju, onde você ouviu isso: valorosa e altiva?

— Do livro da Narizinho.

Era uma expressão que ela tinha lido e que empregou ali direitinho. Na hora eu dei risada, porque foi engraçado, mas fiquei superemocionada. Na cabeça dela ela construía essa imagem de mim. Eu, uma professora, uma humilde professora. Ela me achava uma superprofessora, e o pai, um superfotógrafo. Enfim, era a isso que ela recorria nas fases difíceis da vida.

Mais tarde eu consegui voltar para Pinheiros. Isso pra mim foi outra lição, porque eu tinha chegado a ter uma visão muito catastrófica de que a minha vida tinha ficado no passado. Aí, de repente, quando eu menos esperava, estava de novo morando a cinco quadras da escola, fazendo as coisas de que gosto, a Júlia bem. Quando eu me aposentei, as coisas também ficaram mais fáceis. Hoje, aposentadoria vale muito pouco, porque com esse fator salarial que eles aplicaram, as aposentadorias diminuem a cada ano. De qualquer modo, foi um salário extra. Foi uma coisa muito importante. Com isso, aos poucos, eu consegui parar de animar festas. Assim, pude me dedicar àquilo que eu mais gosto, que é meu trabalho com crianças na escola e no Clubinho.

Contando a minha história, como eu fiz aqui, me lembrei de uma entrevista que vi com o Ariano Suassuna, em que perguntaram por que ele tinha escolhido ser escritor.

— Ah, eu sou escritor porque a minha vida é uma vida tão comum, sabe? Eu não acho que a minha vida tenha nada de interessante.

Ele falava...

— Eu levanto, tenho minha mulher, não ponho chifre nela, vou para casa dos meus primos, depois volto... Então, eu escrevo porque o escritor é um mentiroso, eu escrevo, eu invento um monte de coisas, porque, pra mim, é a hora em que eu torno a minha vida mais interessante.

Lembrei disso, não que eu esteja mentindo, mas porque eu imagino que a minha vida seja uma coisa normal. Um processo normal. Fazendo essa retrospectiva, para mim, ficou bem claro como as impressões, mesmo as que vieram lá de trás, de alguma maneira, continuam presentes.

~ Parte 2 ~

Identidades
de Cibele

Imaginar o modo de ser professora de Cibele não é o mesmo que capturar uma identidade docente estanque, estável e acabada. Fosse assim, caberia apenas caracterizá-la com base nos dados extraídos das suas memórias. A tendência seria vê-la simplesmente como alguém que, trabalhando na educação na infância, valoriza as práticas corporais em oposição às abordagens cognitivistas. O relato, entretanto, demonstra a fragilidade dessa tese. A história narrada expõe diferentes facetas de uma mulher. Múltiplas identidades coexistem em uma mesma pessoa, estabelecidas em função do gênero, profissão, classe social e local de moradia, dentre tantas categorias possíveis. A sexagenária, a viúva de Raul Garcez e a professora formam, entre outras, uma trama complexa que permeia dinamicamente suas maneiras de relacionar-se com o mundo e de entendê-lo.

À medida que a conhecemos melhor, deparamo-nos com novas faces: ora o peso recai mais sobre a Cibele mãe da Júlia, cujos cuidados exigiram o quase isolamento total para garantir a saúde do bebê; ora sobre a Cibele animadora de festas infantis, que comparou a própria casa a um galpão de escola de samba, tamanha a quantidade de materiais utilizados para a confecção de fantasias e outros apetrechos do gênero; ora sobre a Cibele moradora do bairro de Pinheiros, que se sentiu exilada quando precisou mudar-se por razões financeiras; e, assim sucessivamente, é possível acessar diversos "eus" da narradora.

Com tantas menções à vida adulta, corre-se o risco de desconsiderar um panorama mais amplo. Não são menos importantes as imagens que Cibele constituiu de si e do seu papel no mundo, forjadas nas relações com irmãos, amigos, familiares e instituições que frequentou durante a infância e a juventude. Essas identificações operam um papel relevante na forma como educa, uma vez que se configuram como temáticas centrais na por abrangerem as noções de infância, as questões de gênero e o papel do professor.

Enquanto fala sobre sua vida, Cibele não descreve simplesmente, mas produz suas várias identidades. Ela parece ter compreendido isso quando compara seu relato à explicação dada por Ariano Suassuna sobre o trabalho de criação literária. Não que esteja mentindo, mas é preciso reconhecer o caráter ficcional de uma história de vida. De maneira genuína, suas palavras costuram diversas passagens na tentativa de dar coerência ao percurso pessoal. Ainda assim, em meio à trama que almeja a unidade, é possível identificar a inevitável e, muitas vezes, desconcertante multiplicidade de identidades.

Na criança, na jovem, na professora em formação, na mãe, na mulher e na professora dos dias atuais, observam-se distintas identidades coexistindo, muitas vezes, contraditoriamente. É o caso das experiências vividas no início da carreira docente, quando trabalhou em escolas rurais.

> Essa escola era em uma casa de tábua com um biombo dividindo as salas. Não tinha água encanada, tinha poço. Eu – aquela mocinha de quarenta quilos, com aquelas roupinhas, acostumada com uma vida bem classe média – é que tirava água do poço. A minha mãe me deu umas dicas e lá fui eu. Quando eu fui, o que estava me dando medo não era a classe, não era dar aula, era ter que tirar água do poço!
>
> No Dia dos Professores eu ganhava ovo, laranja, frango... Frango vivo! [...] Uma vez, o perueiro me deixou na praça e o frango fugiu. Eu morria de vergonha, por conta daquela coisa das patricinhas, mas, nessa altura, eu já estava de tal forma imbuída daquele novo ambiente que fui atrás do frango. O segurança da praça, os taxistas, todo mundo me ajudando. Foi algo que virou lenda, o frango no centro da cidade.

São momentos de conflito entre a identidade de menina representante de certa posição social com a de professora de escola rural. Ambas as categorias identitárias coexistentes em Cibele provinham da trama cultural da sociedade prudentina da época. O conflito foi deflagrado nas situações em que ela se viu diante de atividades, a princípio, incompatíveis com a vida de "patricinha". A complexidade da personagem reúne, apesar do antagonismo aparente, a garota que desfilava seus novos modelitos nos bailes da cidade e a professora presenteada com aves, e que, para atender seus alunos, arregaçava as mangas e fazia tarefas típicas do campo.

Quando nos remetemos à história de vida de Cibele, buscamos identificar o conjunto de códigos e sinais com base nos quais essa professora lê o mundo e nele se posiciona. Com isso, estamos negando a universalidade para valorizar a singularidade. Afastamo-nos de uma imagem generalizante de professora de Educação Infantil para aproximarmo-nos da particularidade de uma docente que, com seus mais de 60 anos de idade, segue atuando na formação de crianças, integrando e valorizando as práticas corporais. O reconhecimento do caráter histórico e cultural das categorias com base nas quais os indivíduos entendem a si mesmos e ao seu entorno nos leva a procurar a gênese das identificações de Cibele nas relações sociais narradas em sua história de vida, relações essas que, de tão profundas e marcantes, terminaram por inscrever-se no seu próprio corpo.

Aqui entendido como constructo cultural, distanciamo-nos da noção de corpo natural e neutro dos discursos modernos. Michel De Certeau, na obra *A invenção do cotidiano,* de 2002, afirma que as carnes só se tornam corpos quando se conformam aos códigos de uma sociedade, o que ocorre mediante um processo análogo ao ato de escrever. Tal como uma página em branco, o corpo é suporte para um sistema simbólico constituído como um saber ou dito; nada mais é que um texto a ser inscrito. Ao inscrever-se no corpo e torná-lo encarnação de seu modelo, o conjunto discursivo socialmente acessado faz que ele se transforme em termo de contrato de pertencimento a um determinado grupo.

A narrativa de Cibele dá vazão ao papel que ocupam determinadas marcas corporais características da vida da elite prudentina, impressas por sua cultura particular. Ao ser poupado de tarefas pesadas do trabalho doméstico e da vida no campo, ao ser nutrido por certos alimentos e ao contar com um conjunto de recursos de higiene e estética, o corpo ganha contornos característicos de determinado grupo. Sua pertinência a ele supõe, ainda, o uso de adereços e ornamentos específicos. Na juventude, Cibele viveu momentos difíceis quando a crise financeira enfrentada pela família colocou empecilhos à sua permanência no grupo de amigos com os quais se identificava, diante da valorização de aparências e hábitos.

> Era complicado, porque, socialmente, a gente era de uma certa classe, os amigos continuavam os mesmos, mas, economicamente, a gente estava muito pobre. Tinha toda aquela questão de não ter grana pra comprar roupa, ir às festinhas, acompanhar os amigos e o padrão do grupo. Para quem está crescendo isso é muito duro.

O corpo é, nesse sentido, retrato da sociedade, pois carrega as inscrições de toda a imposição de limites sociais e psicológicos que se referem, ao mesmo tempo, aos códigos que devem ser seguidos e às técnicas, às pedagogias e aos instrumentos desenvolvidos para que a submissão se concretize. Desde o nascimento até a morte, o corpo é transformado em quadro vivo que retrata usos, costumes, saberes e ditos. As normas sociais o tornam texto à medida que inscrevem nele as regras por meio das quais o educam.

A identidade do sujeito pós-moderno é múltipla e fragmentada, fruto do processo pelo qual os indivíduos constantemente se posicionam no interior das definições oferecidas pelos discursos culturais que se estendem, para além das palavras, a espaços, objetos e relações moldados por atos de conhecimento. Nesse processo, o corpo é gradativamente forjado e conformado. No decurso da vida, assume determinadas posições de sujeito, procurando viver de maneira coerente, como se lhe fossem intrínsecas; entretanto, essas posições são produzidas baseando-se em um conjunto específico de circunstâncias, sentimentos, histórias e experiências peculiares que compõem sua trajetória.

Ao longo de sua vida, o corpo de Cibele foi marcado pelos discursos, pelas experiências e pelas relações que estabeleceu nos muitos contextos em que circulou. O corpo que hoje educa foi um dia o daquela menina que brincava nas ruas e quintais de pés descalços, aprendia a dançar imitando a irmã, modificava o comportamento quando se sentava à mesa de refeições com os adultos, se enfastiava na sala de aula e se deliciava nos bailes e apresentações teatrais. Foi, ainda, o daquela mulher que se absteve das necessidades mais básicas para cuidar de seu bebê recém-nascido e deixou sua vida afetiva e sexual em segundo plano para sustentar a família. Cibele leva consigo essa história inscrita no corpo, o que se constitui em aspecto determinante no seu modo de educar.

Seu relato é repleto de experiências corporais: brincadeiras populares e tradicionais, aventuras vividas em incursões no mato e nos córregos do interior paulista, brincadeiras de faz de conta envolvendo o universo circense, danças e cantos, dramatizações, recitais e contação de histórias. Em seu percurso, a valorização das práticas corporais se manteve e foi, gradualmente, se constituindo como identidade da mulher e professora. Passado o período da infância, a dança e o teatro afirmaram a identidade juvenil.

O lugar de destaque conferido às práticas corporais em sua atuação docente, desde a primeira inserção na escola rural, evidencia e confirma o papel central que essas manifestações culturais ocupam no seu modo de ser professora. As experiências propiciadas pelas brincadeiras, bem como a dramatização e a narração de histórias – tão presentes durante toda a infância –, tornaram-se aspectos marcantes de sua identidade docente, explorados no vasto repertório lúdico, nos teatrinhos e nas brincadeiras de faz de conta com as crianças e na contação de histórias enriquecida com músicas, sons, objetos e interpretações. Esses artefatos estão tão presentes na sua prática que acabam por constituir as memórias mais marcantes de seus ex-alunos, os elementos salientados pelas famílias que atende e por meio dos quais Cibele se descreve como educadora. Embora as experiências corporais relatadas sejam entrelaçadas, convém distingui-las conforme sua contribuição para a construção da identidade docente: o *corpo brincante*, o *corpo expressivo*, o *corpo afetivo, corpo feminino* e, concluindo, o *corpo do professor*.

5

O corpo brincante

Na descrição de sua atuação profissional, Cibele se considera uma educadora que valoriza o brincar. Opondo-se a uma concepção cognitivista de educação, que prioriza os aspectos intelectuais em detrimento dos corporais e afetivos, aponta a brincadeira como eixo central de seu trabalho com as crianças.

> *o momento em que a gente vai pra fora, a gente não chama de recreio, porque a brincadeira tem um papel importante pra nós. Eu acho que a gente evoluiu muito no nosso pensamento a esse respeito. Eles não vão brincar só na hora em que eles vão pra areia, não vai ser um recreio, eles não estão cansados. A areia é uma extensão da sala.*

A saída da sala não constitui um horário destinado ao descanso entre as aulas, uma vez que, também, durante elas, o brincar é privilegiado. A brincadeira não é entendida como mero entretenimento ou passatempo, termos que designam um espaço à parte na rotina, tal qual acontecia nas escolas em que Cibele estudou quando criança. Como o brincar estava circunscrito ao horário do recreio, ela recorda esse momento como o mais esperado do dia, em contraposição ao sofrimento e ao tédio das horas em que, durante as aulas, permanecia imóvel e sentada. Em direção oposta à adotada por suas professoras à época de estudante, Cibele integra a brincadeira na rotina de seus alunos. É o que nos permite afirmar que sua atuação docente foi influenciada pelas experiências com as brincadeiras vivenciadas na informalidade.

As memórias infantis de Cibele explicitam uma forte ligação entre a ideia de criança e a de um corpo que brinca, reminiscências que remetem à inserção na cultura lúdica popular – composta por músicas, brincadeiras e brinquedos diversos, transmitidos entre as próprias crianças em sua interação –, à exploração sensorial e à autorregulação, aspectos que, hoje, valoriza na educação de seus alunos. As recordações da época da infância integram o repertório de conhecimentos, com os quais trabalha cotidianamente. Essa bagagem é acrescida com as brincadeiras que as crianças trazem dos seus grupos culturais, assim como por aquelas que elas inventam: *"bricadeira de aventura, brincadeira de princesa, brincadeira de mamãe e filhinho, de tudo, todos os temas que eles vão inventando"*. Ela observa as criações infantis e procura acolhê-las, organizando espaços e disponibilizando materiais para garantir sua continuidade.

Sensações táteis, imagens, cheiros, sabores e sons povoam as lembranças da infância, muitas delas envolvendo terra, água, plantas, tecidos, entre outros materiais. A brincadeira de casinha em que preparava comidas de verdade com seus colegas da vizinhança e o costume de sair de casa para brincar com os pés descalços ressurgem nos primeiros anos de magistério, ao decidir sair da sala de aula com as crianças para integrar o espaço e os materiais oferecidos pelo entorno às atividades escolares. A valorização da exploração sensorial retorna mais tarde no EVC, quando todos tiram os sapatos em variados momentos do dia, incrementam o canto da massinha com novos materiais, preparam receitas culinárias apalpando, cheirando e provando ingredientes, brincam de lava-louça, entre outras atividades com água e areia.

A criatividade na transformação de objetos variados em brinquedos marcou profundamente as memórias de Ciba. Encantada, ela se recorda das buscas por essas "preciosidades" no porão da casa.

> A gente tinha muito pouco brinquedo. Eu ganhava brinquedo no Natal, como as crianças ganhavam em geral, mas ninguém tinha assim uma overdose de brinquedo. Tinha uma boneca, umas xicrinhas, mas quase não brincávamos com aqueles nossos brinquedos. A gente brincava muito mesmo com lata, caixinha, essas coisas. Em Eneida, nossa casa tinha porão, então, eu ia lá no porão procurar essas preciosidades. Achava vidro de perfume, era o máximo.

Mais tarde, na juventude, essa criatividade se soma à aprendizagem de técnicas de trabalho manual, o que lhe permitiu confeccionar as próprias vestimentas para desfilar entre os amigos. Sua preferência recaía na costura de roupas para bonecas, em função da maior liberdade para invenções sem necessidade de cálculos sofisticados, *"porque não tinha aquela preocupação com a coisa precisa"*. Ciba retoma essas práticas quando confecciona, com as crianças, fantasias em papel, espadas com jornal, bonecos de legumes para contar histórias, uma sereia de jornal para incrementar um projeto de estudo e cenários para dramatização com objetos diversos.

Também recorda que, em sua infância, *"o tempo era muito longo. Eu fazia muita coisa. Um dia era muito comprido"*, a rotina diária fundava-se, principalmente, na autorregulação. Ela usa o termo *biorritmo* para explicar o controle que as crianças exerciam sobre as atividades com base nas próprias sensações. Quando chegava cansada da escola, após descansar e fazer as lições, brincava de escolinha com sua irmã dentro de casa. Depois do almoço, o forte calor de Presidente Prudente favorecia brincadeiras de faz de conta com os vizinhos, à sombra das árvores. À noite, o clima mais fresco propiciava práticas mais animadas, que envolviam correr e jogar bola. Na escola, o sol forte do verão motivava as crianças a brincar de roda no pátio coberto, enquanto o inverno estimulava correrias nas áreas externas.

> Mas era tudo por nossa conta, a gente sentia isso, a professora não falava, como fazemos hoje:
> – Olha! Vocês vão brincar aqui porque hoje está quente.
> A gente mesmo sacava isso. Hoje, eu vejo que é por isso que as brincadeiras eram temporais. Quando estava aquele solão, a gente brincava de roda, "passa anel", esses tipos de brincadeira de salão no pátio coberto e lá fora a gente brincava de correr, que era mais no inverno.

Cibele chama de *biorritmo* um conjunto que abrange sensações corporais, oscilações entre descanso e atividade, calor e frio, agitação e sono, mas, também, a adaptabilidade ao entorno. É o que ocorria durante o inverno, ocasião em que as noites mais longas e a profusão de vaga-lumes formavam o cenário da brincadeira de caçar os insetos e construir lanternas com garrafas transparentes. Nos dias atuais, enquanto promove e valoriza as brincadeiras com seus alunos, Cibele os ajuda a construir uma autorregulação semelhante à que possuía em sua infância. Ela procura fazer que as crianças ajustem a brincadeira às características de cada espaço e de cada momento da rotina. Ajuda-as a perceber, por exemplo, que as corridas, as escaladas e os saltos são favorecidos pelo espaço externo, enquanto, dentro da sala, podem ter consequências desagradáveis, como machucados ou atrapalhar um grupo que estiver brincando.

Cibele organiza os espaços tomando por base a leitura que faz da linguagem corporal das crianças; parte de uma observação atenta sobre como elas se movimentam durante as brincadeiras. No momento das atividades diversificadas, cada canto é organizado com base nas observações feitas, e é por isso que o canto dos jogos fica em um espaço mais reservado dentro da classe, onde o silêncio e a tranquilidade facilitam as posturas demandadas pelo jogo. Dentro da sala, os jogadores podem se sentar ao redor da mesa ou tabuleiro e concentrar-se sem a interferência de outras brincadeiras, evitando o risco de ter o tabuleiro bagunçado ou as peças derrubadas por um incauto participante do pega-pega. O canto do faz de conta é organizado com a gaveta de fantasias e os pequenos móveis acessíveis às crianças, que podem mudá-los de lugar em função dos cenários imaginados. Já o canto da massinha, com mesas dispostas lado a lado, convida ao agrupamento. É a atividade mais procurada no início do ano, o que demanda um espaço maior. Nos cantos, os materiais são disponibilizados para livre exploração.

A organização do tempo também favorece a autorregulação. Cibele se recorda como era importante combinar com as amigas da escola as brincadeiras que fariam no dia seguinte *"essa dinâmica de já saber do que você iria brincar, que era o que me atraía na escola"*. Como professora, retoma essas aprendizagens. A roda é uma das estratégias utilizadas para promover a antecipação. Numa rotina em que as crianças têm muitas oportunidades de atuação autônoma, a roda, nos momentos de transição entre atividades, tem o papel de reunir e promover a troca de experiências, pois cada um pode contar o que fez, suas descobertas, dificuldades e sentimentos que experimentou. Além de promover o fechamento da atividade anterior, a roda funciona como abertura para a próxima e possibilita a antecipação de suas demandas. Nessa situação, a professora compartilha com as crianças o que virá a seguir, deixando-as mais tranquilas e seguras, e facilitando a preparação para a próxima atividade.

Se souberem que será o lanche, por exemplo, anteciparão a necessidade de guardar um brinquedo que eventualmente estejam usando, lavar as mãos etc. No caso do lava-louça, anteciparão a necessidade de tirar a camiseta e o calçado, poderão combinar com colegas as brincadeiras que gostariam de desenvolver, entre outras possibilidades.

O corpo brincante da menina Cibele tornou-se, mais tarde, o de uma educadora dedicada à promoção do brincar. Suas experiências infantis parecem ter influenciado na criação de um espaço educativo em que a ludicidade é o fio condutor:

> *O Clubinho é isso, eles brincam [...] As mães falam que o Clubinho é terapêutico; eu digo que é uma coisa muito simples, não tem sofisticação. É muito simples trabalhar com uma criança, mas é muito difícil pra você chegar nessa simplicidade. Você tem que pensar muito. Mas depois você não precisa ficar sofisticando; a sofisticação tem de ser você. Você não precisa ter material "x" ou "y", tanto que o Clubinho foi se constituindo com coisas que eu ganhava, que a gente foi juntando e eles foram gostando cada vez mais, criando histórias, construindo um repertório de brincadeiras. E o terapêutico acho que é isso, eles brincam, eles podem brincar.*

Quando Cibele afirma que a sofisticação não está na estrutura material, mas na própria educadora, ela confirma a importância das vivências inscritas no seu corpo; situações que contribuíram para consolidar uma prática que valoriza a brincadeira como artefato recriado pela criança, que compartilha seus significados e se posiciona como sujeito da cultura.

> *Os pais de uma das meninas do Clubinho se separaram e ela chorava muito. Só queria brincar de ser um cachorro e ficar dentro de uma caixa ou enrolada em uma rede. [...] O Pedro foi lá, do alto dos seus 7 anos, abriu a rede e falou:*
> *— Onde é que está aquela Tina que brinca comigo de '"mano"? Onde é que está aquela Tina que desenha tudo pra mim? Aquela que eu penso as coisas pra falar pra Ciba, ela vai lá e desenha?*
> *Foi emocionante, pois ele conseguiu tirá-la da rede e ela começou a falar [...] O Clubinho favorece essas relações e eles se ajudavam muito.*

6

O corpo expressivo

Simultaneamente ao corpo que brinca, a expressividade é outra faceta da identidade docente de Cibele. Ela é uma professora que conta histórias.

> Às vezes, encontro ex-alunos. Chega o rapaz mais lindo do mundo, desses de revista:
> – Oi, tudo bem? Você não se lembra de mim?
> [...] Foi aluno da minha primeira turma no EVC. [...] E ele se lembrava de mim, de tanta coisa... Falou principalmente das histórias que eu contava.
> Outro dia, no banco, encontrei outro ex-aluno, que estava com mais de 30 anos. [...] Ele me falou que ficava na dúvida se o cego [de uma história] era eu ou se era o personagem, porque eu contava a história até um certo ponto, aí, entrava um cego na história, que tinha um olho que enxergava as pessoas por dentro. Nesse ponto, eu pedia licença pras crianças, saía um pouquinho, botava um paletó, um olho aqui e um chapeuzinho. E ele não sabia se era real.

A experiência com a literatura teve início na cidade natal, onde a tradição de contar histórias reunia famílias em cadeiras dispostas na calçada quase todas as noites e continuou por meio dos programas de rádio, histórias ouvidas dos discos e leituras feitas pela avó. Desde cedo, Cibele fazia incursões pelo mundo literário. Apreciava ouvir, imaginar e representar repetidas vezes. Encantados com sua expressividade, os adultos se divertiam ao ver as *performances* de Ciba. Seguindo a narrativa de João de Barro, girava no momento em que sua irmã trocava o lado do disco na vitrola. Esse gesto mostra, metaforicamente, seu corpo plasmando-se como suporte dos textos que representava. As leituras feitas pela avó das obras de Monteiro Lobato também denotam a abertura para a expressão corporal. Depois de brincar com os vizinhos, quando todos já estavam bastante cansados, sentavam-se ao redor da velha senhora para ouvi-la atentamente. Apesar da mobilidade restrita, a avó de Ciba vencia as limitações por meio de gestos de leitura.

Afora as brincadeiras na hora do recreio, as lembranças escolares mais prazerosas estão ligadas à contação de histórias, em contraponto à falta de interesse pelas aulas expositivas. Em suas memórias da época do Ginásio, menciona as professoras preferidas justamente pelo uso desse recurso.

O corpo expressivo

> *A escola era muito chata, era aquela aula expositiva, nada interativa. E como essa professora falava, como ela contava as coisas de um jeito interessante, eu ficava imaginando. Na hora que ela falava das montanhas rochosas, do Grand Canyon, eu ficava imaginando aquelas coisas e eu tinha na minha cabeça aquela imagem. [...]*
>
> *A professora de História era parecida. Naquela época, você quase não tinha recursos visuais, era mais o professor falando. Então, um professor que fosse mais criativo, que se comunicasse melhor, você se interessava. Essa de História falava de Roma, do Coliseu e mostrava, às vezes, alguma figurinha, algum negocinho, e já era outra viagem, eu ficava imaginando aquele teatro, aquelas coisas. A minha cabeça ficava a mil, era aquela imagem mental de como era o mundo romano.*

As experiências escolares revividas por Cibele constituem seu corpo expressivo ao transportar as crianças para o mundo do fantástico através das portas da literatura. No processo de construção de sua identidade docente, as vivências com o teatro e o faz de conta também tiveram grande importância. A dramatização foi tão importante quanto as histórias. Suas participações nos recitais e nas peças teatrais foram momentos marcantes, situações em que via sentido no que aprendia, sentia-se reconhecida e valorizada pela aprovação das pessoas a seu redor.

> *Era um teatro. Isso pra mim foi o que salvou o Primário. Apesar das aulas chatas, eu adorava aquilo, [...] porque ia pro palco e, segundo o que [as normalistas] comentavam, eu tinha muita facilidade pra decorar poesia ou as falas. Elas me escolhiam sempre. Por isso, eu estava mais fora da sala que dentro, estava sempre com as normalistas participando daquelas atividades, e eu adorava, porque era uma festa, era bonito, aberto aos pais que quisessem assistir.*

Nas dramatizações, ela encontrava sucesso e prazer, sempre em oposição às aulas, das quais preferia fugir. Em casa, os irmãos e os pais frequentemente pediam para que se apresentasse, fosse algum "número de circo", uma música ou uma história. Tão presente nas recordações, o corpo que se expressava na interpretação de papéis, contação de histórias e dramatizações foi constituindo um traço fundamental da sua identidade docente. Daí emergiu seu interesse pela educação.

> *comecei a gostar muito do Normal. No meu colégio tinha um curso Primário como aquele em que eu estudei, que era onde as normalistas davam as aulas práticas. O ensino ali era bem renovado, era muito progressista. Eu adorava ir dar aula pros moleques, fazer as aulas que eram as minhas provas, porque daí usava teatro, usava história, fantoches, muita coisa do que eu tinha tido de experiência.*

O corpo expressivo

Cibele viu-se como educadora quando percebeu que era possível recuperar suas experiências corporais ligadas à dramatização e produzir com as crianças outra forma de trabalhar. Tais caminhos a levaram à promoção dos teatros improvisados em festas familiares e, no âmbito pedagógico, a dramatizações que interligavam brincadeiras de faz de conta tanto na escola como no Clubinho, onde, reproduzindo sua história, as peças de teatro eram apresentadas para as vizinhas.

Professora que valoriza certas práticas corporais com respaldo nas próprias vivências, Ciba acumulou muitas e marcantes experiências musicais. O corpo infantil cantava e dançava, imitava artistas ou a irmã mais velha, participava de concursos de baliza e organizava a torcida nos jogos dos irmãos. Quando chegou à juventude, a dança seguiu presente nas matinês, nos bailes e nas reuniões com as amigas, ocasiões em que todas se encontravam para ensaiar os ritmos que embalariam as festas noturnas.

Na escola do bairro da Glória, ainda nos primeiros anos da carreira, retomou essas vivências. Ao som dos programas radiofônicos, seus alunos cantavam na varanda, ofereciam músicas e dançavam. A música segue distinguindo sua prática pedagógica em diferentes momentos e com propósitos diversos, desde brincadeiras cantadas até músicas para embalar o descanso.

O corpo afetivo

No início, ser professora era apenas uma brincadeira de faz de conta. Cibele brincava ao mesmo tempo em que ajudava sua irmã nas lições de casa, criava métodos próprios e os experimentava ali mesmo, como o uso do espelho para auxiliar a pequena aluna a escrever. Mais tarde, na juventude, vieram as aulas particulares. Embora a experiência tenha migrado do lúdico para uma atividade remunerada, nunca havia se configurado como plano de carreira profissional ou acadêmica. Na sociedade prudentina da época, a formação para o magistério era vista como a melhor opção para as jovens da classe média, cuja meta principal deveria ser o casamento.

> meus pais me obrigaram a fazer o Normal. O discurso era esse. Tinha que fazer o Normal porque, se eu casasse, já teria uma profissão. O povo casava cedo. [...] Entrei no Clássico à noite e fazia o Normal de tarde, mas com muita raiva, só pela imposição dos meus pais.

Cibele não se identificava com o conjunto de prescrições ligado ao discurso que feminizava a docência e demarcava comportamentos adequados ao gênero, tampouco se interessava pelo magistério. A situação foi mudando à medida que estabelecia vínculos afetivos com as crianças.

> *Acho que o fio condutor da minha prática se mantém até hoje, que é a minha relação com os alunos. Eu consigo me separar deles, quer dizer, eu sou o adulto, eles são as crianças, mas, mesmo assim, ficar perto, sentar junto, fazer coisas.*

A identidade docente se revela num vínculo entre professor e aluno marcado por certo grau de intimidade e informalidade no convívio, bastante diferentes do protocolo e do distanciamento que caracterizaram a relação de Cibele com suas professoras no colégio de freiras em que cursou o Jardim de Infância e o Pré-primário. Em contraste com essas memórias, sua forma de relacionar-se com as crianças assemelha-se aos vínculos que estabeleceu com as professoras do grupo escolar para o qual foi transferida no Primário.

> *elas eram realmente ótimas, muito diferentes das freiras. Era aquele esquema bem antigo: carregava a sombrinha pra professora, pois lá fazia muito sol, mas eu amava. Elas eram carinhosas, davam a mão. Eu achava as professoras perfumadas; eu adorava as professoras!*

Apesar da similaridade entre sua maneira de lidar com os alunos e as experiências com as primeiras professoras, Cibele reconhece que a relação com os irmãos é sua principal fonte de influência.

> Meus irmãos tiveram uma importância fundamental na minha vida, porque eles eram muito próximos. Eram de outra geração, mas eram muito próximos. Eram educadores à moda deles. Eles estavam descobrindo o mundo infantil. As meninas tinham um instinto maternal, cuidando da gente, fazendo penteado, roupinha...
> Eu vejo meus alunos e me sinto muito próxima deles porque tinha essa relação com os irmãos. Acho que as minhas irmãs curtiam muito a gente. Era como se elas fossem nossas tias, porque nós éramos as primeiras crianças que elas estavam vendo se desenvolver; então, tinha aquela coisa de ser divertido, de aprender.

O reconhecimento das possibilidades educativas proporcionadas no contexto familiar favoreceu, mais tarde, o exercício da docência em turmas compostas por alunos com idades, origens e culturas variadas, desde as primeiras escolas em que trabalhou até o EVC. Como educadora, Cibele defende as diferenças por causa das trocas entre as crianças.

> Então tem criança mais madura e criança mais imatura, pra você ter um todo mais diferente, não lidar só com unanimidade. [...] a própria sala, a própria constituição da rotina, com tantas coisas pra eles fazerem, com tantas áreas nas quais eles podem se desenvolver, a própria classe já tem tanta diversidade, como opções pra eles, que nós não queremos crianças iguais. O máximo de diferença que aparecer na escola é positivo: crianças menores e crianças maiores; as que sabem e as que não sabem falar; as que precisam de ajuda e as que podem ajudar. E você vê movimentos muito legais, eles vão aprendendo a se relacionar como se tivessem muitos irmãos.

Ao lado da qualidade dos vínculos afetivos, outro importante aspecto da constituição da identidade docente de Cibele deu-se nas escolas rurais. Tarefas como tirar água do poço, cozinhar, plantar e construir cercas se inscreveram em seu corpo. Tudo isso fazia que se sentisse bem na escola, que *"ficava parecendo uma casa"*. A mesma sensação segue acompanhando o exercício profissional na atualidade.

> Eu me sinto muito à vontade lá, igualzinho às escolas do sítio. Acho que é isso, é como se eu estivesse andando pelo quintal da minha casa, essa sensação muito boa.

Passo a passo, nesse caminho, constituiu-se em Cibele a noção de um corpo educador afetuoso e próximo. Sua forma de estar, agir e se movimentar dentro da escola, na medida em que se sente nela como se estivesse em casa, remove a atmosfera de seriedade e formalidade que costuma predominar no ambiente educacional.

O corpo feminino

A configuração da identidade feminina se funda no estabelecimento da diferença, do mesmo modo que ocorre com outras formas de identificação. Trata-se da definição do que pertence ao universo da mulher e do que está fora de seus limites, o que compõe, portanto, o território masculino. No percurso de vida de Cibele, a construção de sua identidade como menina e, depois, como mulher, moldou gradualmente seu corpo. Ela também acessou os significados que mobiliza para lidar com as questões de gênero em sua relação com o mundo e no seu trabalho como educadora.

Uma vez que a identidade é construída com base nos aparatos discursivos e institucionais que definem o que pertence às meninas e o que pertence aos meninos, tanto as brincadeiras que povoaram a infância de Ciba quanto as falas, as atividades e as noções que mais tarde acessou veicularam representações de gênero; a pipa era um brinquedo típico dos meninos, as cirandas eram exclusivas das meninas, ao passo que a queimada era para todos. Na juventude, os dispositivos sofreram mudanças: eles se interessavam pelo clube de ciências e por astronomia, enquanto elas, pela costura. Cibele gozava de uma vantagem nesse cenário, pois, em casa, seus irmãos lhe ensinavam os jogos exclusivos dos meninos, como o bete e a bolinha de gude. Assim, apesar das demarcações sociais, ela transitava com alguma liberdade entre as práticas corporais dos dois gêneros.

No exercício da docência, Cibele flexibiliza as fronteiras na medida em que permite a circulação nos dois territórios.

> *É óbvio que as crianças têm os modelos; menino é menino. Eles escolhem papéis de meninos pra representar, mas os meninos adoram as coisas das meninas e vice--versa. Os meninos adoram brincar de casinha, adoram brincar de cabeleireiro, adoram pôr fantasia de menina. Eu deixo.*

A livre alternância dos universos socialmente delimitados para cada gênero que viveu na infância é igualmente acolhida em sua forma de ensinar: meninos usando saias, perucas e outras fantasias, e meninas brincando com espadas e carrinhos. Todavia, Cibele não deixa de reconhecer a distinção dos sistemas classificatórios sociais, que definem o que é feminino e o que é masculino. A flexibilidade para entrar e sair do lugar reservado ao outro gênero se fundamenta exatamente nas mesmas categorias que classificam o que pertence – e o que é alheio – a cada qual. Admite-se a circulação, desde que seja experimental e passageira, quando se trata de uma curiosidade pontual, um faz de conta momentâneo. Não raro, a identificação da criança com uma prática que não seja culturalmente associada ao esperado, é tomada como desviante e problemática, e desperta o receio institucional.

> *passa a ser visto não só ali na aula, mas no conselho de classe, com a orientadora. Isso quando você percebe que a criança pode ter algum comprometimento, não conseguir se interessar por atividades de menino ou de menina, alguma coisa que fuja da normalidade, agora, no mais, eles brincam normalmente.*

A "normalidade" remete às formas de regulação que a cultura exerce sobre os indivíduos. Um conjunto ordenado de significados – no caso, aqueles relativos ao que é feminino e ao que é masculino – rege as ações dos indivíduos e também seu processo de significação, classificando o que é normal, a identidade, e o que é desviante, a diferença. Uma vez nomeadas no contexto da cultura, as coisas do mundo sofrem distinções. Seu caráter relacional supõe que, ao atribuir a identidade, simultaneamente se atribui a diferença, e, ao classificar a normalidade, institui-se o que fica de fora. Desse modo, enquanto algumas gozam de privilégios, legitimidade e autoridade, outras são vistas como erradas, ilegítimas e marginais; nada mais que produtos dos jogos de poder que permeiam a cultura.

A educação escolar historicamente adotou o padrão identitário masculino, branco, europeu e heterossexual sendo visto como normal, natural e neutro, tornou inócuo qualquer questionamento. Paradoxalmente, a investigação da gênese desse processo revela que se trata de um produto de forte vigilância e controle. Instâncias sociais como a família e a escola empenham-se em um contínuo e cuidadoso esforço para garantir, desde os primeiros anos de vida, a aquisição das características alinhadas à identidade padrão, entre elas, a heterossexualidade. Inserida também nos códigos culturais compartilhados, Cibele, consequentemente, compreende e se relaciona com a realidade por intermédio desses significados, que foram construídos ao longo da vida e compõem sua representação de mulher.

As irmãs mais velhas constituíram um importante modelo, exercendo grande influência na construção identitária do corpo feminino conformada na admiração suscitada pelo dormitório especialmente arrumado, onde entrar era "*um acontecimento social*", bem como pela relação com uma delas, por quem Ciba nutria particular admiração.

> *Ela era muito boa, corporalmente falando; dançava divinamente bem tudo que se possa imaginar. Ela dançava* rock *como ninguém, mambo, rumba. [...] Eu ficava olhando aquilo; para mim, era como se fosse uma artista de cinema. Ela era superbonita, com aqueles vestidos bem década de 1950, de tule, aquelas saias armadas. [...] Eu me espelhava muito nela, nessa relação com o corpo que ela tinha.*

Foi essa irmã que ensinou passos de dança, fazer espacato, ficar na ponta dos pés e quem a estimulava a elaborar apresentações nas mais diversas situações. Mediante a proximidade com as irmãs, Ciba relacionou o corpo feminino ao uso de certas roupas e acessórios, ao desempenho de determinados papéis e comportamentos, e à adequação a um conjunto de costumes e práticas, ocasião em que a experiência individual e o tecido simbólico da sociedade se entrecruzaram, produzindo marcas corporais de identificação e distinção.

Os relacionamentos afetivos tiveram início na juventude com namoros "*no cinema, no baile, na rua, na praça, nunca em casa"*. Ciba precisava afastar-se dos olhos dos pais e dos irmãos homens para viver essa faceta da identidade feminina. Os flertes eram mera diversão, nada mais que brincadeiras.

> *Os namoros não eram firmes, eram namorinhos de adolescente, como se dizia. Era legal, porque você tinha muitas experiências de conhecer alguém, namorar, terminar. Uma namorava o namorado da outra numa boa. [...] A gente namorava dois, três... Às vezes acontecia de os três se encontrarem no mesmo baile. As amigas avisavam:*
> *— Ai! Fulano está aí!*
> *Era aquele drama. A gente passava o baile dentro do banheiro, pensando como ia resolver aquilo.*

A escola ginasial de Londrina, ao separar meninas e meninos em turnos diferentes, favorecia um tipo de contato entre os gêneros matizado pela sensação do mistério e do proibido.

> *A escola em que fiz o Ginásio era só para meninas pela tarde e meninos pela manhã. Era um lugar moralista, bem conservador. O legal era que a gente deixava bilhetinho para os meninos na carteira e ficava se correspondendo como amigos secretos. A nossa aula de Educação Física era separada para os meninos não verem as meninas de short, mas os moleques ficavam todos no muro. Era muito divertido, pois a gente acabava conhecendo os meninos para quem mandava os bilhetes.*

Ciba analisa esses relacionamentos como "*um treino para os namoros mais sérios*", que tiveram início na época da faculdade. As primeiras experiências sexuais aconteceram com o afastamento do "moralismo provinciano". Essa é a forma com que se referiu ao conjunto de significados compartilhados acerca da sexualidade nas cidades em que passou a infância e a juventude.

A aproximação romântica com Raul se deu em etapas, pois ele pertencia a um grupo identitário diferente do dela. Enquanto Cibele ia aos bailes com o cigarro na mão e pensava em namorar homens mais velhos, Raul andava de bicicleta com seus amigos escoteiros. Mais tarde, ela se envolveu com grupos de contestação política, enquanto ele estudava em um colégio militar. Nos encontros em novos contextos, como casas de amigos e festas, gradualmente borraram-se as fronteiras e, no lugar dos rótulos de "molequinho" ou "milico", Ciba passou a enxergar um homem interessante, bonito e carismático, ao lado de quem escolheu seguir a vida.

> *Pouco tempo depois, o Raul teve a primeira crise de depressão, já namorando comigo. Para mim aquilo foi uma coisa muito assustadora. Uma pessoa extremamente alegre, legal, inteligente e talentosa, da noite para o dia ficou prostrada, não queria mais ver ninguém. Se desligou de tudo, largou a faculdade mais uma vez. [...] Eu pensava: "Não posso abandonar esse cara". Eu passava a maior parte do tempo com ele, na casa da mãe. Segundo o próprio médico que o atendia, eu era um modelo positivo, era uma pessoa que dava limite, que fazia bem para ele.*

Diante da situação, Cibele sentiu-se responsável por Raul e passou a cuidar dele durante suas crises de depressão ao longo dos anos em que viveram juntos. Na narrativa, os sentidos são dados tanto pelas palavras quanto pelos silêncios. Neste caso, a omissão dos episódios do cuidado com seu esposo revela a dor contida nas memórias desse período. As experiências de cuidado viriam a ampliar-se com o nascimento da filha.

A maternidade levou-a a vivenciar mais uma nuance do feminino: a de colocar as necessidades alheias acima das próprias. Ainda durante a gestação, o repouso absoluto nos últimos meses afastou-a do trabalho e de todas as suas atividades para viver um período em que *"não podia sair do quarto, tomava banho e fazia tudo na cama".* Após meses de repouso absoluto, a devoção e o sofrimento prosseguiram nas longas horas em trabalho de parto.

> *Aquelas dores, um terror. Mas eu aguentava, motivada pela ideia de ter o parto normal, que era ótimo. Depois de muito sofrimento, quando eu tive a dilatação suficiente, o médico olhou e constatou:*
> *– É muito pequena.*
> *[...] Para mim, foi uma frustração, depois de tantas horas em trabalho de parto. Meu medo era de que o bebê não aguentasse.*

Nos primeiros dias de vida de Júlia, persistiu a condição de um corpo que nega a si mesmo e se colocava em segundo plano. *"Eu não podia sair do quarto nem um minuto por conta de contaminação. Só ficava lá dentro. [...] Essa fase foi mais uma batalha".* Com o isolamento, o curto intervalo entre as mamadas e as pesagens frequentes do bebê, Ciba deixou de comer, dormir, sair e interagir para dedicar seu corpo de mãe à sobrevivência da filha.

Mais tarde, os problemas motores da pequena Júlia obrigaram-na a apropriar-se de técnicas de fisioterapia. Os saberes médicos se encaixam na lógica discursiva de inscrição da cultura sobre os corpos. A Medicina circunscreve o espaço do corpo, produzindo significados específicos, dentre os quais as noções de que o corpo pode, por meio de intervenções localizadas, ser reparado, educado, moldado e treinado para adotar posturas e formas de movimentação.

Na família, seu papel de mãe e mulher exigiu novos esforços. Como ocorre em qualquer caminhada, os obstáculos ou situações de crise demandam escolhas e transformações. A morte de Raul foi um desses momentos. Cibele viu-se sozinha frente à responsabilidade familiar, a qual assumiu *"com unhas e dentes"*, deixando para segundo plano todos os outros aspectos de sua vida. Diante da constatação de que precisaria aumentar a renda mensal, passou a viver em função do trabalho; ampliou sua identidade profissional e enveredou por novos caminhos.

> *Começou aí uma nova fase na minha vida, muito difícil. [...] Nos mudamos para um apartamento longe de Pinheiros e o transporte coletivo lá era muito ruim, a infraestrutura era muito precária. [...] Eu e a Júlia ficamos muito sozinhas quando nos mudamos. A gente tinha uma linha telefônica e não conseguiu transferir. Ficamos meio incomunicáveis. Com o passar do tempo, a situação ficou bem mais palatável, ficou até legal. Com o advento das festas e, mais tarde, do Clubinho, já estava numa*

situação financeira melhor, então não era mais aquele horror. [...] Foi muito difícil para mim, mas depois ela também superou. Fez faculdade e se deu muito bem com jornalismo. Enfim, fomos vivendo juntas.

O corpo do professor

A documentação e a análise da história de vida de pessoas comuns devolvem o seu conteúdo à trama social em forma de conhecimento e possibilidades de transformação. Caso não leve em conta as singularidades, a educação escolar corre o risco de tomar o corpo como um dado natural e emaranhá-lo por conceitos generalizantes. Uma vez que o campo da linguagem é espaço de poder e que os discursos constroem os objetos sobre os quais falam, qualquer conhecimento que desconsidera a diversidade e a particularidade se torna instrumento de dominação. A narrativa de Cibele Lucas de Faria oferece contribuições para a reflexão sobre o papel do corpo das crianças e do professor na educação da infância. As memórias entrecruzam o individual e o coletivo, pois foram tecidas do substrato produzido em instâncias sociais como a família, a escola, a cidade e o ambiente profissional, e permeadas pela subjetividade. A vida dessa professora é, antes de tudo, um estímulo para que o corpo dos alunos deixe de ser tratado como território de dominação e um convite para que o corpo do professor possa reviver sua própria história.

As memórias de Cibele fizeram emergir os processos segundo os quais a relação com as pessoas, os espaços, os objetos, os discursos, as práticas, os costumes e os tratamentos gradativamente construíram seu corpo de mulher, mãe e educadora. Os caminhos trilhados, por meio dos quais foi inscrita sua identidade docente, explicitam inúmeras relações entre as especificidades de seu exercício profissional e as experiências vividas: a continuidade de práticas como a contação de histórias e a dramatização; a rejeição a separar de forma estanque, de um lado, a mobilidade no recreio e, de outro, a passividade nas aulas; e, ainda, a ressignificação de atividades como a costura e a transformação de sucatas em brinquedos. É interessante observar que essa pedagogia não decorre de uma formação acadêmica específica; ao contrário, é produto de um processo de educação polissêmica que se deu ao longo de toda a sua vida.

Cada uma das facetas da corporeidade analisadas revela relações entre prática docente e experiências de vida. O corpo brincante que caçava vaga-lumes para construir lanternas com garrafa de vidro, corria de pés descalços, brincava com crianças de diferentes idades e inventava brincadeiras com objetos recolhidos na natureza e no porão de casa é o que hoje confere destaque ao brincar na educação da infância.

O corpo expressivo que brincava de circo junto à goiabeira e ao galinheiro, contava histórias, apresentava números variados às visitas, aprendia passos de dança com a irmã e participava com entusiasmo das apresentações teatrais organizadas pelas normalistas é o da educadora que valoriza a expressão corporal em todas as suas dimensões.

O corpo que ajustava o ritmo de suas atividades às sensações orgânicas e às condições do entorno, e decidia com autonomia quando se lançar à ação e quando descansar é o mesmo da professora que procura organizar a rotina escolar em função de uma leitura da linguagem corporal infantil e se preocupa em favorecer a autorregulação.

Do mesmo modo, o corpo afetivo que brincava de escolinha ajudando a irmã com a tarefa de casa e que, na relação familiar, ora aprendia, ora ensinava, ora cuidava, ora era cuidado, é aquele que constituiu a professora defensora das diferenças entre os alunos.

O corpo feminino que aprendia as brincadeiras de meninos, admirava as irmãs mais velhas, experimentava os namoros como diversão e descoberta, e se colocou voluntariamente em segundo plano diante da experiência da maternidade constituiu o corpo dessa mulher extremamente dedicada ao trabalho educacional.

Infelizmente, nada disso impediu o triste desfecho da trajetória de Cibele no EVC. Apesar de acumular sucessivas avaliações de excelência, o que restou foi o impacto da demissão anunciada nas palavras de um dos diretores da instituição: *"Está na hora de acabar"*, fato decorrente das cláusulas do plano de previdência adotado pela escola, que previa o desligamento ao fim de 35 anos de trabalho.

Deu-se assim, sem agradecimentos, homenagens ou cuidados com uma transição gradual, a despedida do lugar que por tanto tempo foi o espaço central em sua vida, onde, muitas vezes, se sentiu mais à vontade que em sua própria casa, onde se desenvolveu parte tão significativa de seu caminho pessoal e profissional. Bastante desconsertada após ter narrado o que denominou "uma história de amor ao EVC", Cibele percebe-se plenamente saudável e disposta a seguir trabalhando na educação da infância.

Cibele contando histórias no Clubinho.

Sobre o Livro
Formato: 14 x 21 cm
Mancha: 10,7 x 17,3 cm
Papel: Offset 90g
nº páginas: 184
Tiragem: 2.000 exemplares
1ª edição: 2013

Equipe de Realização
Assistência editorial
Emerson Charles

Assessoria editorial
Maria Apparecida F. M. Bussolotti

Edição de texto
Nathalia Ferrarezi (Preparação do original e copidesque)
Ana Paula Ribeiro e Roberta Heringer de Souza Villar (Revisão)

Editoração eletrônica
Évelin Kovaliauskas Custódia (Capa, projeto gráfico e diagramação)

Fotografia
Andipantz | iStockphoto (Foto de capa)
Microgen | iStockphoto (Foto de capa)
MelodyWong | iStockphoto (Foto de capa)
Billy Alexander | sxc.hu (Foto da textura de capa)
Alexey Avdeev | iStockphoto (Foto de quarta capa)
Tati Passos (Foto de miolo)

Impressão
Printing Solutions e Internet S.A.